陕西省教育厅人文社科项目"陕西省养老机构体育服务……制研究"（项目编号：18JK0124）

陕西理工大学科技处校级重点项目"陕南养老机构体育服务实施的现状与策略研究"（项目编号：SLGKY-03）

# 我国老年人体育服务与健身研究

王 峰◎著

吉林人民出版社

**图书在版编目 (CIP) 数据**

我国老年人体育服务与健身研究 / 王峰著 . -- 长春：
吉林人民出版社 , 2020.10
ISBN 978-7-206-17600-5

Ⅰ . ①我… Ⅱ . ①王… Ⅲ . ①老年人 – 体育活动 – 社
会服务 – 研究 – 中国②老年人 – 健身运动 – 社会服务 – 研
究 – 中国 Ⅳ . ① G812.48

中国版本图书馆 CIP 数据核字 (2020) 第 195049 号

**我国老年人体育服务与健身研究**
WOGUO LAONIANREN TIYU FUWU YU JIANSHEN YANJIU

著　　者：王　峰
责任编辑：王　丹　　　　　　　　封面设计：陈富志
吉林人民出版社出版 发行（长春市人民大街 7548 号）　邮政编码：130022
印　　刷：定州启航印刷有限公司
开　　本：710mm × 1000mm　　　　　1/16
印　　张：6.5　　　　　　　　　　　字　　数：120 千字
标准书号：ISBN 978-7-206-17600-5
版　　次：2020 年 10 月第 1 版　　　印　　次：2020 年 10 月第 1 次印刷
定　　价：35.00 元

如发现印装质量问题，影响阅读，请与印刷厂联系调换。

　　笔者通过对全国多家养老机构体育养老服务现状的调查，发现机构内老年人对通过体育锻炼这一途径增进身体健康有较高的认识，希望能得到专业的体育养老服务，而各养老机构内健身设施数量及种类差异较大，且没有体育指导人员为老年人健身进行指导服务。在此现状下笔者提出构建老年人体育服务与健身模式，加大投入现代化的健身康复器械及设置多样化的运动健身场所，为我国健康老龄化的发展提供借鉴。

　　随着我国步入老龄化社会，养老问题已成为和谐社会建设过程中亟待解决的重要问题。目前我国养老模式主要由机构养老、社区养老及居家养老三种模式组成。养老机构是综合型养老服务社区，集老年人居住、护理、保健等于一体。在养老机构内，老年人可以与更多的同龄人相处交流，并得到专业的护理，安享晚年生活。健康对老年人晚年生活质量的提高至关重要。本书旨在"健康中国"战略实施的背景下，探索我国老年人体育服务与健康，以及在养老机构内开展体育养老服务的措施。

　　从全国老龄公布的数据来看，截至 2019 年底我国 60 岁及以上老年人口有2.54 亿人，占总人口的 18.1%。老年人人口数量急剧增多，尤其是第一代独生子女的父母已开始步入老年，我国人口老龄化的情况愈发严峻，老年人的养老问题成为和谐社会发展过程中的重大难题。随着社会的发展，年轻人的生活压力越来越大，第一代独生子女已成为社会建设的中坚力量。为了不给子女增添负担，越来越多的老年人自愿走进养老机构，在机构内养老。以前我国绝大多数养老机构为政府建立且不以营利为主要目的，以帮扶、救助为主，其公益性特征尤为明显。但随着市场经济的发展，这些公办养老机构已经不能适应社会的发展，许多民营养老机构纷纷建立，公办的养老机构也已开始转型为公建民营机构。现在的养老机构已经成为集老年人居住、护理、医疗、娱乐等活动于一体的综合型养老服务社区。

　　为促进我国健康养老的发展，全国老龄工作委员会办公室、国家卫生健康委员会等部门于 2017 年 3 月发布了《"十三五"健康老龄化规划》,其中指出要提升老年人的健康素养,通过健全体育组织、丰富体育活动内容、建设体育设施、加强体育指导等措施鼓励老年人以积极健康的生活方式安度晚年,提高老年人的健康水平和生活质量。[①] 习近平总书记在中国共产党第十九次全国代表大会报告中指出,要实施健康中国战略,为人民群众提供全方位的健康服务。[②] 健康不仅是人全面发展的根本,也是社会发展的基础条件,只有全民健康,国家才能走向富强,民族才能得到振兴。

进入老年,人体机能下降。老年人容易出现心脑血管等疾病,这些疾病不但为自己带来痛苦,也给家人带来一定的负担。随着年龄的增长,老年人对身体健康的关注度不断提升,他们关注各种各样的健康资讯,采取多种多样的方法促进自己的身体健康,如服用一些保健品,使用一些保健按摩仪器等。[③] 越来越多的老年人认识到体育锻炼对健康的重要作用,希望通过锻炼达到预防疾病、延缓衰老的目的。只要身体条件允许,多数老年人还是非常愿意参加体育锻炼的,但由于许多老年人不懂科学的锻炼方法导致锻炼效果不佳,因此有必要在养老机构内开展体育养老服务。体育养老是一种新的养老模式,它建立在对老年人进行生活照顾的基础之上。人体生理机能的衰退是由于老年人缺乏体育运动引起的,体育运动可以有效地延缓人体生理机能水平的衰退。同时,参加体育活动具有消除不良情绪的作用。步入老年,尤其是进入养老机构后,老年人或多或少会出现失落、伤心、孤独等不良情绪,通过参加体育活动,加强人际交往,可以帮助老年人尽快摆脱不良情绪,感到轻松愉悦。因此,在养老机构内开展体育养老服务,可以增进机构内老年人的身体健康,延缓衰老,丰富老年人的精神生活,使老年人能老有所乐,安享晚年。

老年人是全民健身活动中最为活跃的一个群体,也是当前群众体育发展的主体,老年人普遍希望通过体育锻炼增进健康、祛病强身、娱乐健身以及排解烦忧和生活压力等。越来越多的老年人清楚地认识到体育锻炼具有增进健康的良好作用,参加体育锻炼的老年人队伍越来越庞大。老年人保证自己健康不仅减轻了家庭和社会的压力,还提升了国民体质总体水平。

① 国家卫生健康委员会,全国老龄工作委员会办公室,国家发展和改革委员会,等. 关于印发"十三五"健康老龄化规划的通知 [N]. 中华人民共和国国家卫生和计划生育委员会公报,2017(3):15—20.

② 中共中央国务院. "健康中国 2030"规划纲要 [EB/OL]. (2016-10-25).

③ 黄元汛,沈有斌. 人口老龄化背景下健康养老与老年体育的研究 [J]. 湖北体育科技,2015(2):95—97.

# 目 录

# 第一章　我国老年人体育服务概况

## 第一节　我国老年人及人口老龄化

### 一、老年人

在《新华字典》以及《现代汉语词典》中，"老"有多种含义，其中排在首位的解释是"年岁大，与幼、少相对"。东汉文字学家许慎在《说文解字》中指出"七十曰老，从人、毛、匕，言须发变白也"。人之衰老，表明人已步入老年。可见，对于"老年"的界定，古人主要着眼于个体年龄。随着社会的发展，学科分类的日趋复杂，以及研究问题的起点和重点不同，人们对"老年"的界定越来越个性、多样，越来越深入细致了，研究者对"年龄"的理解也千差万别。当今国际学术界通行的做法是以年代年龄、生理年龄、心理年龄和社会年龄界定。

#### （一）基本定义

不同的文化圈对老年人有着不同的定义，由于生命周期是一个渐变的过程，壮年到老年的分界线往往是很模糊的。有些人认为做了祖父祖母就是进入了老年，有的人认为退休是进入老年的一个标志。

按照国际规定，65周岁以上的人即确定为老年人；《中华人民共和国老年人权益保障法》第二条规定：老年人的年龄起点标准是60周岁。即凡年满60周岁的中华人民共和国公民都属于老年人。

一般来讲，进入老年的人在生理上会表现出新陈代谢放缓、抵抗力下降、

1

生理机能下降等特征。头发、眉毛、胡须变得花白也是老年人明显的特征之一，部分老年人会出现老年斑的症状，偶见记忆力减退。

### （二）定义分类

#### 1. 年代年龄

所谓年代年龄，也就是出生年龄，指个体离开母体后在地球上生存的时间。西方国家把45—64岁称为初老期，65—89岁称为老年期，90岁以上称为长寿期。发展中国家规定男子55岁，女子50岁为老年期限。根据我国的实际情况，规定45—59岁为初老期，60—79岁为老年期，80岁以上为长寿期，也就是英语中所讲的oldman、oldwoman。

我国现阶段以60岁以上为划分老年人的通用标准。就年龄阶段而言，45—59岁为老年前期，我们称之为中老年人；60—89岁为老年期，我们称之为老人；90岁以上为长寿期，我们称之为长寿老人；而100岁以上称之为百岁老人。

世界卫生组织将15—44岁的人群称为青年人，将45—59岁的人群称为中年人，将60—74岁的人群称为年轻老年人，将75岁以上的人群称为老年人，把90岁以上的人群称为长寿老人。

#### 2. 生理年龄

所谓生理年龄是指以个体细胞、组织、器官、系统的生理状态、生理功能以及反映这些状态和功能的生理指标确定的个体年龄。生理年龄可分为4个时期：出生至19岁为生长发育期，20—39岁为成熟期，40—59岁为衰老前期，生理年龄60岁以上的人被认为是老年人。但生理年龄和年代年龄的含义是不同的，往往也是不同步的。生理年龄主要由血压、呼吸量、视觉、血液、握力、皮肤弹性等多项生理指标决定。

#### 3. 心理年龄

所谓心理年龄是指根据个体心理活动的程度确定的个体年龄。心理年龄以意识和个性为主要测量内容。心理年龄分为3个时期：出生至19岁为未成熟期，20—59岁为成熟期，60岁以上为衰老期。心理年龄60岁以上的人被认为是老年人。心理年龄和年代年龄的含义是不一样的，也是不同步的。如年代年龄60岁的人，他的心理年龄可能只有四五十岁。

#### 4. 社会年龄

所谓社会年龄是指根据一个人在与其他人交往中的角色作用确定的个体年龄。也就是说一个人的社会地位越高，起的作用越大，社会年龄就越大。

综上所述，年代年龄、生理年龄、心理年龄和社会年龄的关系为年代年龄受之父母，不可改变；但生理年龄、心理年龄和社会年龄却可以通过身心锻炼、个人努力加以改变，推迟衰老，弥补其不足。

## 二、人口老龄化

### （一）定义

人口老龄化是指随着人口生育率降低和人均寿命延长，总人口中因年轻人口数量减少、年长人口数量增加而导致的老年人口比例相应增长的动态。按照国际通用标准，当一个国家或地区 60 岁以上老年人口占总人口数的 10%，或 65 岁以上老年人口占总人口数的 7%，即意味着这个国家或地区处于老龄化社会。①

### （二）人口老龄化背景

自进入 21 世纪以来，人口老龄化问题已经演变为全球性问题。全球人口老龄化问题严峻，增长迅速，其中老龄化问题最为明显地体现在一些西方的欧洲国家，且占比较大的大多为发达国家，例如日本、意大利、德国、法国等国家。据智研咨询发布的《2020—2026 年中国养老产业市场研究及发展趋势研究报告》显示，目前，日本是全球人口老龄化最严重的国家，65 岁以上人口比例达到了 27%，排名世界第一，意大利 23%、德国 21%，位居第二和第三名。2019 全球人口老龄化问题加剧，中国人口老龄化增速世界第一！对于今天的中国来说，人口基数大，经济发展也突飞猛进，但人均占比少，同样也面临着人口老龄化的难题，成为经济发展的一道阻力。预计 2030 年，中国 65 岁以上人口占比将超过日本，成为全球人口老龄化程度最高的国家，2050 年，社会将进入深度老龄化阶段，60 岁以上人口占比超 30%。我国作为最大的发展中国家，自 1999 年进入人口老龄化社会以来问题尤为突出。

据国家统计局数据，截至 2019 年末，全国 60 周岁及以上人口为 25 388 万人，占比 18.1%。其中，65 岁及以上人口为 17 603 万人，占比 12.6%。与 2018 年末相比，16—59 岁劳动年龄人口减少 89 万人，比重下降 0.28 个百分点；老年人口比重持续上升，其中，60 岁及以上人口增加 439 万人，比重上升 0.25 个百分点；65 岁及以上人口增加 945 万人，比重上升 0.64 个百分点。

老龄化的发展趋势是不可逆转的，人口老龄化速度的加快已经演变为一个

---

① 王松. 上海市社区居家养老服务的问题分析及对策研究——以彭浦社区为个案 [D]. 贵阳：贵州大学，2016：35.

严峻的社会问题，给国家和地方带来了巨大的压力，我国老年人口基数大、增长速度快，同时呈现高龄化、空巢化趋势，失能、半失能老人数量剧增，老年人的健康和养老问题亟待解决，传统"养儿防老"的家庭养老模式已经无法满足新时代发展的需求，这也促使我们不得不重新探索和寻求提升老年人生命质量的新型养老服务模式。

### （三）中国人口老龄化特征

根据国际通用标准，我国自 2000 年已进入老龄化社会并呈现出以下基本特征。

第一，人口老龄化提前达到高峰。20 世纪后期，为控制人口的急剧增长，国家推行计划生育政策，使人口出生率迅速下降，加快了中国人口老龄化的进程。由于 21 世纪前半叶人口压力仍然沉重，还要继续坚持计划生育的国策，其结果将不可避免地使中国提早达到人口老龄化高峰。

第二，在社会经济不太发达状态下进入人口老龄化。先期进入老龄化社会的一些发达国家，人均国民生产总值达到 20 000 美元以上，呈现出"先富后老"的特点，这为解决人口老龄化带来的问题奠定了经济基础。而中国进入老龄化社会时，人均国民生产总值约为 3000 美元，呈现出"未富先老"的特点，由于经济实力还不强，无疑增加了解决老龄化问题的难度。

第三，在多重压力下渡过人口老龄化阶段。21 个世纪前半叶，中国在建立和完善社会主义市场经济体制过程中，改革和发展的任务繁重，经济和社会要可持续发展，社会要保持稳定，各种矛盾错综复杂，使解决人口老龄化问题相对发达国家和人口少的国家更为艰巨。

### （四）中国人口老龄化发展趋势未来预测

预计到 2025 年，我国 60 岁以上老年人将达到 3 亿，占比为 21%；65 岁以上老年人比例也将达到 13.7%，接近深度老龄化社会。我国将在 2027 年进入深度老龄化社会，即 65 岁以上老年人占比高于 15%。

2030 年，我国 60 岁以上老年人比例将接近 25%，65 岁以上老年人比例将达到 16.2%。

2035 年，联合国预计中国人口老龄化比例将超美国。

2040 年，我国 60 岁以上老年人占比将达到 30%，65 岁以上老年人比例将达到 22%，进入超级老龄化社会。

2050 年，我国 60 岁以上老年人数量将达到 4.34 亿，占比达到 31%；65 岁以上老年人比例将达到 25%，达到日本的水平。而此时日本 60 岁以上的老年人人口数量占全国人口的一半。

2010—2040 年是我国老龄化社会迅速发展的时期，这是由于从 2010 年开始中华人民共和国成立之后婴儿潮出生的婴儿相继步入老年，直到 2040 年。1980 年，我国开始实行计划生育政策，大幅度减少了出生人口的数量，因此，自 2040 年开始，我国老龄化速度会有所减缓。但是，2040 年之后我国老年人比例仍将居高不下，长期徘徊在 30% 左右。

在城市化进程不断加快、人口老龄化愈演愈烈的大背景下，中国社会养老体制的改革显得任重道远。专家表示，以可持续性发展为目标的社会养老体制改革是关键。

# 第二节　老年人体育基本理论

## 一、老年人体育概念

通过文献检索发现，我国学术界针对"老年人体育"的研究成果颇丰，但在研究过程中对"老年人体育"这一概念进行明确界定的研究成果却少之又少。在这些为数不多的概念界定中，我国知名体育学者卢元镇的观点较具代表性，他认为，"老年人体育就是针对老年人的生理、心理特点施行的各种身体锻炼方法和手段的总称"[①]。

此外，王燕鸣从体育的内容层面对老年人体育做了界定，认为老年人体育是社会各界、广大老年人体育理论与实践活动的总称，内容包括老年人体育基础理论、老年人体育法规政策、老年人体育组织、老年人体育场所、老年人体育运动项目、老年人体育竞赛、老年人体育表演、老年人体育培训等。戴志鹏按照老年人的分类标准，从年代年龄、生理年龄、心理年龄与社会年龄的维度分析了老年人体育的含义，认为基于年代年龄，我国的老年人体育属于年代年龄在 60 岁及以上人群参与的适应身体活动；基于生理年龄，老年人体育是具备基本身体活动能力的老年人参与的适应身体活动；基于心理年龄，老年人体育是一种在参与意愿、活动内容和活动参与方式上具有鲜明差异的适应身体活动；基于社会年龄，老年人体育是一项与社会支持体系存在着密切关联的社会福利事业。

---

① 卢元镇. 社会体育学 [M]. 北京：高等教育出版社，2002：211.

参照以上学者对老年人体育概念以及内涵的分析，笔者认为老年人体育是指年龄在60岁以上的老年群体所从事的适应性身体活动。这种适应性身体活动是指不同地域、不同老龄阶段、不同身体状况的老年人所能从事的适合自己的身体活动。这一界定之所以强调体育活动的适应性，是因为老年阶段跨度大，有75岁以下的年轻的老年人，也有90岁以上的高龄老人。身体状况的不同，使他们的体育活动的能力呈现出很大的差异性。即使同一年龄阶段的老年人，因为身体状况的差异，体育活动的能力也有显著差异。其次，地域、受教育程度等均对老年人的体育活动有一定的影响。因此，鉴于老年人体育活动的这些差异性，本书界定的概念强调老年人体育活动的适应性与其活动项目和内容的差异性。

## 二、分类的多维性决定了老年人体育的复杂性

依据年代年龄维度，我国的老年人体育属于"年代年龄在60岁及以上人群参与的适应身体活动"。在现实运行中，老年人体育不能与社会体育中其他人群的体育活动简单混同，我国的老年人体育事业兼具社会体育事业和老龄事业的双重属性，属于我国的社会福利事业范畴。

依据生理年龄维度，老年人体育是具备基本身体活动能力的老年人参与的适应身体活动。一般情况下，这种身体活动能力主要与肌力和肌张力两个相对客观的指标直接相关。肌力指"主动运动时肌肉的收缩力，包括手部肌力、上肢肌力和下肢肌力"[1]；肌张力指"静息状态下肌肉的紧张度"[2]。从参与适应身体活动的生理指标看，老年人体育并非与所有的老年人都有关系，具备基本的身体活动能力是进行老年人体育的基本前提。处在半自理和完全不能自理状态下的老年人纵使在个护状态下也能进行一些适应身体活动，但这种适应身体活动在很大程度上属于医疗范畴，而非体育范畴。换言之，现实运行中的老年人体育是一种条件性参与，即老年人基本身体活动能力的差异性决定了他们参与适应身体活动的内容选择。

依据心理年龄维度，老年人体育在参与意愿、活动内容、参与方式等方面具有鲜明的差异性。在老年人体育的参与意愿方面，身体健康的消费主义者类型的老年人参与体育活动的意愿较为强烈，体育与音乐、美术等其他活动共同构成了他们的闲暇生活内容，在满足他们的多元精神文化需求方面具有积极的

---

[1] 宋岳涛．老年综合评估 [M]．北京：中国协和医科大学出版社，2012：121.

[2] 同上书：125.

作用；身体健康的遁世主义者类型的老年人参与体育活动的意愿相对较弱，要让体育活动成为他们日常生活的重要内容，必要的引导和支持便显得尤为重要。在老年人体育的活动内容选择方面，既有传统的武术健身活动，也有时尚的广场舞等活动；既有注重身体机能锻炼的散步、器械等健身活动，也有注重技艺展示的抖空竹、放风筝等健身活动；既有单一的体育健身活动，也有体育与音乐、艺术等相结合的文体活动。在老年人体育的参与方式方面，既有单独的体育锻炼方式，也有文体俱乐部或文体草根组织的群体参与方式。在现实运行中，老年人体育是一种在参与意愿、活动内容和活动参与方式上具有鲜明差异的适应身体活动。

依据社会年龄维度，社会支持是老年人参与体育活动的一个重要变量。社会支持指客观的、可见的或实际的支持，即"物质上的直接援助和社会网络，以及社会、团体关系的存在和参与"①。需要指出的是，老年人体育的社会支持与他们曾经的社会角色密切关联，这种社会支持并非孤立存在，而是依存于老年人与他人的关系。正如有研究者指出，"只有针对增加社会交往来设计老年人的体育锻炼方案或措施，才能有效地提高老年人体育锻炼的幸福感"②。由此可见，老年人体育是一项与社会支持体系存在密切关联的社会福利事业。

回顾历史，社会变迁和社会转型也一直是我国老年人体育事业发展的重要变量。中华人民共和国成立以后，我国依据当时的国情逐步建立了城乡分割的二元社会结构。在相当长的历史时期中，这种社会结构对城乡各项社会事业的发展产生了重大的影响，我国的老年人体育事业也一直存在于城市体育和农村体育的二元格局之中。改革开放以来，逐步推进的城镇化进程在一定程度上消解了传统的城乡二元格局，群众体育的社会结构格局也开始发生了一些变化。小城镇体育与城市社区体育、农村体育一起构成了我国群众体育的三元结构。③老年人体育作为群众体育的一个组成部分，也逐步体现了这种三元社会结构格局特征。在我国体育学界，针对老年人体育的划分也出现了城市老年人体育、小城镇老年人体育和农村老年人体育的相关论述。随着我国公共服务体系和养老服务体系的逐渐完善，公共体育服务的三元社会格局必将逐渐消解，我国的老年人体育必将逐步存在于城乡公共服务均等化体系之中的社会福利事业范

① 宋岳涛. 老年综合评估 [M]. 北京：中国协和医科大学出版社，2012：220.

② 戴群，姚家新. 体育锻炼与老年人生活满意度关系：自我效能、社会支持、自尊的中介作用 [J]. 北京体育大学学报，2012(5)：67—72.

③ 李凤新. 我国小城镇体育发展战略研究 [N]. 中国体育报，2001-12-13(7).

畴，养老服务体系、全民健身服务体系和公共服务体系将共同为我国的老年人体育事业发展提供支持。

## 第三节　老年人体育服务基本理论

### 一、老年人体育服务的概念

近年来使用"体育公共服务"和"公共体育服务"的频率相差不大。大多数研究者并没有刻意去区分这两个词。尽管表述上有词序的差别，但含义上却大同小异，都认为是政府部门为满足公众的体育需要而向其提供的公共体育产品及服务的总称。本节为了避免上述概念在表述上所带来的歧义，使用"体育服务"的概念，泛指老年人在体育参与过程中所需要的各种体育产品与体育服务，包括政府、社会组织以及社会商业机构所提供的体育服务。鉴于当前大多数老年人体育活动的场所在社区的公共体育场地中，老年人的体育服务以政府提供公共服务居多。同时，由于公共服务的社会化已成为一种趋势，即使在社区公共体育场地进行体育活动，老年人有可能使用的也是由私人机构提供的服务。

### 二、老年人体育服务的内容

目前，我国学界关于体育服务的研究成果主要是基于 21 世纪学界对体育公共服务体系的研究提出来的。随着国家建设"服务型政府"以及政府公共服务实践的推进，体育学界开始研究体育公共服务问题。

在老年人体育服务内容方面，许多学者通过对某一省市老年人体育需求的调查，提出了老年人体育服务的对策与内容。例如，廖建媚（2008）对厦门城市老年女性体育参与现状与需求情况调查研究后指出，厦门市老年女性对社区场地设施需求强烈，尤其渴望有专业的从业人员指导她们体育锻炼以及帮助她们合理选择运动项目，为她们开具运动处方等；施学莲（2012）通过对江苏 13 个市县进行实证调查研究发现，老年人对公共体育服务的需求主要包括健身场馆、体育公共设施、体育活动组织者、社会指导员等几方面；许晓峰（2011）对山东省城镇和农村老年居民的调查结果显示，两类群体中对公共体育场地需求比例分别为 78.5% 和 96.4%，而对体育指导服务的需求比例为 88.2% 和

65.9%；楚继军（2016）从场地设施、经费投入、活动组织、健身指导和信息提供五个方面分析了广州市老年人体育公共服务的供给现状与需求。

本书把老年人体育服务需求的内容概括为体质监测服务、体育活动服务、体育设施服务、体育组织服务、体育指导服务以及体育信息服务六个方面。这一内容是参照上述学界对体育服务以及老年人体育服务需求的内容总结出来的。国家近年来非常重视国民体质监测，《"健康中国 2030"规划纲要》出台以后，各地卫生与体育部门都非常重视健康问题，体质监测相关硬件与软件条件都已具备。同时，体质监测数据在客观上有助于老年人了解自己体质状况，有助于体育指导员开具科学健身的运动处方。因此，本研究在五大要素的基础上，增加了"体质监测服务"这一内容。

### 三、老年人体育服务的属性

公共物品理论认为，具有消费或使用上的非竞争性和受益上的非排他性等特征的社会产品称之为纯公共产品，一般由政府提供；带有部分上述特征的社会产品称之为准公共物品，一般遵循由政府和市场共同提供的原则；不具有上述特征的社会产品称之为私人物品，一般利用市场机制提供。从目前老年人体育服务的实际情况分析，由于我国老年人口基数大，老年人能享受的体育公共服务资源有限，每多一位老年人享受体育服务，就会导致投入成本的上升或其他老年人享受服务的减少，老年人体育服务在消费或使用上就具有了部分的竞争性和排他性的特征。因此，老年人体育服务在一定程度上具有准公共物品的属性，而准公共物品的提供理论上应由政府和市场共同承担。本书中的老年人体育服务的主体既包括政府提供的产品和服务，又包括市场和其他社会组织及个人提供的产品与服务。

# 第二章　我国老年人体育服务社会支持系统实现路径

## 第一节　我国老年人体育服务社会支持现存困境

现代思维科学认为，问题是思维的起点，任何思维过程总是指向某一具体问题。发现问题也是科学创新的前提，一切创新活动都始于问题。本章在分析我国老年人体育服务需求的基础上，基于实地考察与访谈的结果，从支持内容与支持形式两个层面深入探究我国老年人体育服务的现状，提炼我国老年体育服务社会支持困境所在，旨在为我国老年人体育服务社会系统的构建及实现路径的提出奠定基础。

### 一、支持内容层面

#### （一）体育设施供给不足，资源配置效率不高

近年来，"全民健身工程""农村小康体育工程""一县一品""江、湖、山"等全民健身主题特色活动，极大地促进了我国体育场地设施的发展。截至2017年底，我国体育场地已超过195.7万个，人均体育场地面积达到1.66平方米，与2013年第六次全国体育场地普查数据的人均体育场地面积1.46平方米相比有了较大的发展。[①]但是，目前的场地设施仍然不能满足老年群体的需求。主要原因在于：第一，已建体育场地设施中适合老年人的场地设施类型不足。从

---

① 国家体育总局群众体育司.中国群众体育发展报告（2018）[R].北京：社会科学文献出版社，2018：66—67.

全国来看，场地面积排名靠前的体育场地分别是小运动场、篮球场、田径场、体育场和城市健身步道，共计 11.33 亿平方米，占体育场地总面积的 58.14%。其中教育系统管理的体育场地 66.05 万个，占体育场地总数的 38.98%；场地面积 10.56 亿平方米，占体育场地总面积的 53.01%。在老年人经常使用的体育场地类型当中，城市健身步道 12 299 个，总面积不足 346 万平方米；全民健身路径 368 093 个，用地面积 132 万平方米；地掷球场 1425 个、门球场 14 367 个，棋牌室 26 422 个。在整体场地面积排名中，老年人常用的城市健身步道面积仅占总面积的 3.05%，而篮球场、乒乓球场面积占比超过 48%。①各地频发的广场舞"占地"事件，其本质就是在公共体育场地设施不足的情况下，老年人群体不得不占用其他人群的锻炼场所。第二，已建场地设施质量不能满足老年人的体育锻炼需求。在实际调查中发现，老年人使用频率较高的公园、广场、全民健身路径等的场地设施维护情况堪忧。如公园空地、社区广场的地面破损且无人修复，公园、广场空地灯光不亮，全民健身器材破损、断裂等现象经常发生。第三，居住室外环境设计尚未适应老龄化社会的需要。许多住宅小区整体的无障碍设施不健全，许多小区仍是楼梯房，缺乏必要的安全辅助设施，导致高龄老人无法走出家门参与力所能及的体育活动。

### （二）信息资源服务匮乏，宣传推广方法不多

体育信息服务主要是指通过电视媒体、网络媒体、报纸杂志、社区宣传栏、体育组织等多种渠道传播体育信息，为老年人提供体育健身知识、体育活动等相关信息，方便老年人体育参与的体育公共服务②。美国早在 2001 年就建立了全国信息中心，用于有效传递老龄化与体育活动的公共政策、宣传资料和公众教育信息。全国信息中心会根据不同年龄人群的特点进行有针对性的体育活动与健身知识普及，让更多的健全人和社会各类组织了解老年人体育，关心、支持老年人体育的发展，充分发挥体育在应对人口老龄化方面的积极作用。近年来，中国各地老年人体育协会积极开展老年人体育信息服务的推广，积极推出了相关报纸、期刊、书籍，如《天府老年体育》《老年人》《快乐老人报》等 50 余种期刊。但现实情况是，这些官方举办的期刊订阅量非常少。造成这一现状的原因主要在于老年人体育宣传工作的不力。目前湖南省的主要宣

---

① 数据来源：国家体育总局．经济司．第六次全国体育场地普查数据公报。http://www.sport.gov.cn/n16/n1077/n1467/n3895927/n4119307/7153937.html.

② 王占坤.老龄化背景下浙江老年人体育公共服务需求与供给的实证研究[J].中国体育科技，2013(6)：70—80.

传方式是通过街道、社区联络员对老年人进行通知单、宣传册的发放，宣传手段偏旧，深度和广度挖掘不够。这种宣传方式在推广老年人体育健身知识、健身方法方面效果很差。另外，我国人口老龄化发展形势的信息传递不足，导致全社会没有形成关爱老年人身心健康、支持老年人体育、参与老年人体育服务的社会氛围。宣传的不足也导致老年人体育活动影响力不大、企业与个人关于老年人体育社会捐赠意识不强，以及老年人体育志愿者的服务比较匮乏等问题。

### （三）体质监测推广力度不够，面向老年人普及程度偏低

国民体质监测是通过建立体质监测服务系统，采用科学的方法对受试者身体形态、身体机能和体能等指标进行综合评价，然后对不同人群实施体质监控和追踪研究，形成体质监测的预警机制，定期公布体质监测结果，引导公民关注体质和健身的一套系统。体质监测有别于医院的体检，属于主动预防行为，根据"运动处方"进行针对性的锻炼和饮食改善，从而提高身体素质，防患于未然。体质监测中心充当着医院"守门员"的角色。体质监测服务本应该是老年人最为满意的服务内容，因为全国范围内的国民体质监测中心早已覆盖到县、区一级。但是，国民体质监测系统尚未发挥其在老年人体育服务中的作用，未能成为监测老年人体质状况并引导其科学健身的系统。

### （四）体育人才培养逐步规范，宏观设计与后续管理缺乏

体育指导服务是在老年人体育参与过程中，向老年人提供的技能传授、锻炼指导等服务。体育指导服务也是彰显老年人体育服务社会支持水平的重要因素之一。近年来，随着国家加大对社会体育指导员的培训力度，国家级和一级社会体育指导员人数迅速增加。据统计，近三年全国老年人体育协会和各省级老年人体育协会举办的老年人运动项目教练员、裁判员、社会体育指导员培训班总场次超过100场（次），累计培训老年人体育指导员人数超过3万。但是就目前老龄化形势而言，老年人健身指导服务仍存在问题。首先，老年人社会体育指导员总量不足。虽然近年来各地体育局大力加强了社会指导员的培训，老年人社会体育指导员数量增长较快，但与我国庞大的老年人口数相比，社会体育指导员总量仍旧偏少，无法满足老年人在健身指导方面的需求。其次，老年人社会体育指导员人员结构失调。笔者通过对部分老年人体育协会所举办的培训班的调查发现，培训内容多集中在老年人体育项目的技术和规则讲解，缺少老年人日常体育锻炼所需的科学健身知识普及、健身器材的正确使用等内容的培训。再次，全国大多数省份的培训班都是以国家级培训班的模式为参考，

按进度完成中国老年人体育协会规定给各省的任务，缺乏根据本地老年人体育参与实际情况而设计的特色课程，缺乏志愿者招募与培训、志愿者后续工作的开展指导等的制度设计与整体发展考虑。最后，老年人社会体育指导员管理与实际服务不足。在对老年人体育活动较多的公园、广场等实地考察的结果显示，体育社团与高校中已经持有社会体育指导员证件的专业人士在老年人体育锻炼中并没有发挥应有的指导作用，真正起到指导作用的人员大多是没有证件的一些体育项目（如广场舞、太极拳等）的爱好者。

### （五）体育活动偏重赛事，趣味性体育活动不多

《全民健身计划（2016—2020年）》提出："要为老年人提供丰富多彩的健身活动，倡导开发广场舞、健身马拉松跑和登山等受欢迎程度高的体育活动。"从宏观层面来看，我国举办的大型老年人体育赛事不断增多，各级别的老年人运动会开展得如火如荼，仅全国老年人体育协会近三年举办的赛事（活动）就超过了300场（次），参与人数超过100万人。但就目前而言，老年人体育活动的开展还存在以下问题。第一，体育项目服务供需不一致，当前老年人体育活动服务主要以老年人体育协会为主，各事业单位离退休处为辅。老年人体育协会组织的老年人运动会主要有门球、乒乓球、网球、健身球操、气排球、台球、健身腰鼓、羽毛球、健步操和排舞等项目，这类项目（如网球、门球、排舞、健步操等）在基层社区的普及程度并不是很高，且竞技性强、趣味性不足，只适合小众的掌握这类项目技术的老年人参加。在实际调查过程中发现，85.51%的老人表示希望多举办趣味性体育活动，仅有14.49%的老人希望举办竞技性体育活动。老年人对体育活动的开展满意度不高，他们更希望参加娱乐性强、以家庭为单位的体育活动。第二，老年人体育活动服务注重"形式"而不顾"实效"。在公共部门举办的老年人体育活动中，惯例是一条横幅加主席台，领导讲话，一番热闹仪式、表演等活动都是专业性演出，很少有老年人的身影，老年人仅仅是看客或过客而已。

### （六）社会体育组织力量薄弱，社区管理人员专业性不强

老年人体育组织是老年人参与体育锻炼的重要组织形式，是满足老年人体育锻炼需求的重要手段。加大体育组织的建设，就是为老年人体育锻炼提供更多的锻炼渠道。加入老年人体育社团不仅能帮助老年人科学锻炼、合理健身，还能有效地引导和管理老年人体育活动的实施。然而，我国体育社团普遍存在官民二重属性、管理欠规范等问题，政府对体育组织的登记、建立有明显限制，使其缺少竞争机制；大部分老年人体育协会通过获取自上而下的资源得以

发展，它们或由各级体育行政机构直接创办，或本身就从其中转变而来，又或是原体育行政官员及相关知名人士所支持，使其对政府产生强依赖性，形成难以割舍的裙带和依存关系，在当下协会实体化的大趋势下，缺乏造血能力的各级老年人体育协会自身发展将难以为继。同时社区工作人员大多数都身兼多项工作，精力不够，且工作人员大多非体育专业出身，专业理论知识薄弱。

## 二、支持形式

### （一）支持形式单一

老年人体育服务社会支持形式包括政府直接支持、政府购买、资助捐赠、合资参股型、自建自享型等。综合目前我国老年人体育服务社会支持形式的实践来看，社会支持形式较为单一，仍是以政府直接支持为主，其次为资助捐赠型参与和志愿服务参与。资助捐赠型参与是指社会组织或公民个人基于自身意愿以出资捐赠的形式支持老年人体育服务。随着我国经济的高速发展，社会力量以捐赠的形式支持老年人公共体育服务的案例也逐渐增多，但其支持的主体主要为个人（如企业家、社会精英等）。我国目前尚未达到美国等西方国家中产阶级普遍参与捐赠的程度。因此，资助捐赠型参与并不普遍且数额不大。资助捐赠型参与和志愿服务参与均属于浅表性的服务参与模式，因为这些支持行为均来自外部且具有服务行为不确定的特点。老年人体育服务中更为深入性的支持形式是自建共享型，这一类型的社会支持是指老年人体育社会组织或个人自筹资金参与老年人体育服务社会支持体系建设的模式[1]，实践案例尚少，未形成常态。但这一类型的支持因为来自组织自身的成长与发展，属于内生型支持，对于老年人体育服务来说更具有稳定性和成长空间。目前最为普遍的政府购买式支持，在购买对象范围上大多数是直接定向委托学校和体育局主管的体育协会或社团，购买内容也基本局限于体育设施服务领域，购买范围边界的延展难以突破。[2]

### （二）重单向指导，轻双向互动

目前，在我国老年人体育社会支持活动中，老年人作为社会支持的客体总是被组织的对象，而不是平等的活动伙伴。各主体对老年人体育服务的支持往

---

[1] 姜向群. 老年社会保障制度——历史与变革 [M]. 北京：中国人民大学出版社，2005：73.
[2] 王莉丽. 老龄化背景下我国城市公共体育服务供给的反思与优化 [D]. 武汉：武汉体育学院，2015：52.

往停留在传统的单向支持层面，老年人更多的是被动接受各主体提供的社会支持，很少主动参与。据《中国老年人生活质量发展报告2019》显示：中国老年人的文化程度总体偏低，未上过学和只上过小学的老年人占比最高。中国老年人中未上过学的约占三成（29.6%），小学文化程度的约占四成（41.5%），初中和高中的约占1/4（25.8%），大专及以上的仅占3.1%，老年人口整体受教育水平依然偏低。老年群体受限于知识水平，法律知识严重匮乏，体育权利意识淡薄，缺乏表达自我需求的意识和能力，使得老年人正当的体育服务需求没有得到有效的表达。利益相关者理论认为，伴随着经济发展和社会结构变革，老年人群体的社会利益结构也越来越复杂，这将不可避免地导致在制定老年人体育服务政策的过程中出现越来越多的变量，客观上要求各级政府在制定相关政策的过程中考虑让不同的利益相关者参与决策过程。老年人体育服务社会支持体系的发展不仅是政府与老年人体育服务需求之间的单一互动关系，还应该将各种社会力量纳入决策机制。这不但可以增强老年人体育服务社会支持政策的合法性和可操作性，而且可以让多元参与主体以利益协调为纽带不断强化价值互信。

# 第二节　我国老年人体育服务社会支持系统构建

## 一、老年人体育服务社会支持系统构建的基本理念

### （一）基于"健康老龄化"和"积极老龄化"的目标

20世纪八九十年代，为了应对人口老龄化这一日益严重的社会问题，国际人口学界先后提出了"健康老龄化"与"积极老龄化"理论。"健康老龄化"强调保障老年人身心健康，让老年人"老有所安"；"积极老龄化"探讨了收入、参与和社会保护对老年人健康的重要意义，赋予老年人获得健康、参与和保护的社会权利，强调老年人在"老有所安"的基础上"老有所为"。这一理念对于保障老年人的健康与社会参与的权利、老年人口的二次社会化，以及老龄社会经济与社会的发展具有更为重要的价值与意义。因此，"健康老龄化"与"积极老龄化"应成为构建系统的基本目标。

### （二）基于协同治理的理论基础

协同治理已成为当前各国解决复杂公共问题的一种创新性的管理模式，广

泛应用于国家事务的管理、社会管理以及政府的公共服务。由于老年人体育服务具有准公共产品的性质，亦属于公共服务的范畴，因此，运用协同治理理论来解决老年人体育服务的社会支持问题在公共服务领域具备可以参考的案例。同时，现实生活中提供我国老年人体育服务的社会支持主体未能很好地发挥为我国老年人体育服务提供支持的作用，因此，在实践上也需要进行协同才能充分发挥合力，才能更好地满足老年人的体育服务需求。

### （三）基于政府"掌舵"、社会"划桨"的角色定位

在构建老年人体育服务社会支持体系的过程中，首先要辨析政府在老年人体育服务中的职责关系。从近现代体育的发展进程来看，政府介入体育事务只是国家政治与经济在某个发展阶段上的需要，随着市场经济的发展，政府逐渐退出对老年人体育服务的直接管理将是一个必然趋势。但鉴于我国政府参与社会管理的传统以及老年人体育服务社会化力量的薄弱，目前政府仍需占据主导地位，仍是老年人体育服务的首要责任人。但是，政府是首要的责任人并不意味着其他社会主体无须承担责任。社会组织、社区、家庭、市场均应该在这一过程中扮演重要角色，形成政府"掌舵"、多元社会支持主体"划桨"的老年人体育服务社会支持体系。

### （四）基于老年人体育服务的需求导向

构建老年人体育服务社会支持体系的目的就是实现和维护老年人群体体育权益的实现。因此，构建系统要以老年人体育服务需求为导向。同时，鉴于老年人体育服务个性化、多元化、多层次等需求特征，老年人体育服务应该包括但不限于体质监测、体育活动、体育设施、体育组织、体育指导、体育信息等服务。需要注意的是，保障老年人的基本体育权利是建立老年人体育服务社会支持系统的出发点，因此，应该在满足老年人最基本的体育需求基础上再追求多元化的服务，如老年人体育设施、体育活动等服务是首要解决的问题。

### （五）基于以社区为依托的发展思路

社区是我国行政区划最基层的行政单位，是老年人群体的物理生活空间。社区是老年人生活所在地，也是老年人日常体育活动的重要场所，老年人的主要体育活动均在社区范围内进行。因此，老年人的体育服务只有植根于社区，才能生根发芽，落地开花。本书构建的老年人体育服务的社会支持系统建立在以社区为依托的基础之上。社区的依托作用主要体现在以下几个方面：第一，依托社区的物理自然条件与设施。主要指社区的公园、广场、山地、河流等，

还包括社区范围内的单位、企业、住宅小区的体育场地与设施，这是老年人锻炼的基本场地设施条件。第二，依托社区行政组织。有些老年人集体体育活动（如大型与小型的体育赛事、体育娱乐活动等）需要社区组织的帮助，若没有组织的依托，活动场地的提供、经费的筹集等就会存在一定的问题。第三，依托社区群体网络。社区群体是老年人生活的基本社会网络，是老年人的生活与娱乐圈，社区体育活动的开展离不开这个基本的社群网络。

## 二、老年人体育服务社会支持系统框架构建

基于以上构建系统的基本理念，结合我国老年人的体育需求，根据当前我国体育与社会发展的基本情况以及国家最新政策的指导，本书构建了由宏观结构、微观结构、运行机制三部分构成的我国老年人体育服务社会支持系统（图2-1）。宏观结构上，这一协同支持系统的内容包括协同理念、协同规范、协同方式与协同主体；运行机制主要有三种机制，即行政机制、市场机制与社群机制；微观结构上构建了"政府—社会体育组织—社区—其他组织—个人社会支持网"五位一体的多元主体老年人体育服务社会支持系统。

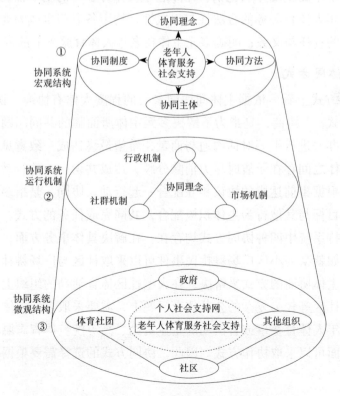

**图2-1　我国老年人体育服务社会支持系统**

### 三、协同系统的宏观社会支持结构

#### （一）协同理念

理念的协同，对于系统微观结构中的多元主体将会具有协同行动上的指导作用，协同理念的传播可以大大提高多元主体协同支持的效率。从老年人体育服务的社会支持上来说，协同理念主要包括以下几个方面：第一，老龄化社会的稳定与发展需要每一个人的努力，树立协同为老龄化社会服务的理念；第二，树立让全社会老年人"老有所安"的理念，协同以体育服务来促进老年人"健康老龄化"；第三，树立让全社会老年人老有所为的理念，协同以老年体育促进老年人"积极老龄化"。

#### （二）协同规范

多主体的协同，需要有协同制度与规范的约束才能保证保障参与主体的各方遵循规范各司其职且互相配合，才能提高协同效率，达成系统目标。建立协同规范在系统中的主要作用包括：保障老年人体育参与的基本权利；保障多元主体参与老年人体育服务的合法性与权威性；约定各参与主体为老年人体育提供服务支持的责任与义务；明确多元主体在老年人体育服务上的责任边界。

#### （三）协同方式

从协同方式上看，依据主体间协同参与的程度大体有协商、协调、协作、协同四种方式。[①] 协商，是指为了解决多元主体所面临的共同问题，各主体就解决问题的办法进行平等对话沟通与商量，希望最终达成一致意见。协调，是指在多元主体之间存在矛盾时尽力消除分歧，达成共识，一致行动。协作，是指多元主体根据事前达成的协议相互配合一起行动。协同，是指多元主体为了实现共同的目标与其他行为主体积极配合，共同完成任务的方式。在老年人体育服务的支持系统中四种协同方式均存在。在解决具体事务方面，可以采取协商的方式，如就某一小区广场舞扰民事件可以采取社区与广场舞社团、小区业主委员会等主体协商的方式来解决；在大型社区体育活动的组织上，在体医结合共建健康社区等较为复杂的公共体育问题上，需要采取多元主体协同支持的方式；在老年人体育赛事或者活动的企业赞助、高等院校体育志愿者参与社区体育活动方面可以采取协作方式。因此，协同方式的选择需要根据不同体育的

---

① 徐嫣，宋世明. 协同治理理论在中国的具体适用研究 [J]. 天津社会科学，2016(2)：74—78.

事务情境，选择四种协同方式中的一种或者几种的组合来实现共同为老年人体育服务提供社会支持的目标。

### （四）协同主体

治理主体多元化是协同治理的核心内容，也是系统的核心要素。参与协同治理的主体可以是政府组织，也可以是社会组织、民间组织、企业、家庭、志愿者组织等。本书在参照学界关于弱势群体社会支持以及其他领域协同治理主体的研究下，结合各种政府与非政府组织在我国老年人体育支持中的实际作用，确定了政府、体育社团、社区、其他组织以及个人社会支持网五种支持主体。多元主体参与协同治理的主要动力在于：各种主体在治理系统中都有自己的资源优势，但是仅凭一己之力又难以完全承担为老年人体育提供服务支持的职能，只有充分发挥各种主体的自身优势，协同作战才能更好地满足老年人的体育需求。以下在系统的微观结构中，将基于资源优势的视角具体分析选择这些主体的主要理由，并对各种主体进行角色定位与具体责任分析。

## 四、协同系统的微观社会支持结构

### （一）多元社会支持主体的确定

#### 1.政府

老年人体育服务准公共产品的性质决定了其主要的支持主体是政府，因为为社会提供公共服务是政府的基本职能。因此，本书把政府确定为整个老年人体育服务社会支持系统的主导者，起着统筹全局、整合资源的作用。尽管在"举国体制"的管理体制下，政府既"掌舵"又"划桨"，单独供给老年人体育服务，不仅导致财政负担重、行政成本高、资源分配不合理等问题，还难以满足老年人的基本体育需求。但从我国的政治体制上分析，政府"掌舵"的职能不会改变，变化的是政府将"划桨"职能分权给社会。当然，随着社会经济的发展，老年人体育服务需求日益增长及多元化的特点，政府单独供给的模式显然已经不符合时代发展潮流。随着体育管理体制改革的加深，政府将体育服务的生产职能让渡出来逐渐向社会力量转移将是当前和以后公共服务的大方向。这一变化趋势也为其他社会主体协同政府支持老年人体育服务系统的构建奠定了基础。根据实地考察调研的结果，在我国体育行政机构中，目前承担老年人体育服务的政府主要机构是体育局。体育总局及下属体育局的群体部门多年在老年人体育服务方面承担了提供政府支持的责任，也积累了许多老年人体育服务的经验。因此，本书构建的系统中体育总局及其下属部门代表政府成为多元主体之一。

2. 体育社团

由于我国体育管理体制改革尚处在探索阶段，政府体育职能的转移还不够彻底，尤其是在弱势群体的体育服务供给方面。在老年人体育服务社会支持系统中，政府承担了老年人体育服务的供给职责。在体育管理行政改革的背景下，今后的方向将是政府将老年人体育服务的职能逐步转交给社会。从我国目前的实际情况来看，能够承接老年人体育服务职能的主要组织是体育社团。大众性的非正式体育社团是我国大众体育发展的基本组织形式，也是我国老年人体育服务的基本组织形式。进入 21 世纪以后，我国的体育社团获得了长足的发展。2010 年以来，国家加快对社团管理制度改革的步伐，并提出了建立"政社分开、权责明确、依法自治的现代社会组织体制"的改革目标，明确提出了"脱钩管理""直接登记""一业多会""规范内部治理""坚持培育发展""强化法律责任"等主要改革措施，尤其是《社会团体登记管理条例》的修订极大地激发了体育社团的发展。截至 2019 年底，我国共有体育社团 5 万多个。这些体育社团是当前我国社会体育的重要载体，是老年人身边的体育组织，具备形式多元化和项目多样性的特征，能有效地满足当前我国老年人多元化与个性化的体育需求，成为提供老年人体育服务社会支持的重要力量。

3. 社区

社区这一组织在我国具有行政组织与社会组织的双重属性。一方面，社区是城市政府管理的基层单位，承接许多政府的行政管理职能，具有政府组织的特性；另一方面，社区居委会既具有法律上的自主管理权，又具有社会组织特性。因此，社区所能提供的体育服务就具有"双重性"，既有承接政府职能的正式支持的性质，又有对接社区网络组织（如邻里、亲情、友情等个人社会支持网）非正式支持的性质。由于当前我国社区自治程度的不足，形成了以政府支持为主导、其他组织的社会支持为补充的局面，因此，本书把具备以上特征的社区支持称为"准正式支持"。社区作为老年人日常生活所在地，随着社会经济的发展，社区的体育基础设施不断完善，社区也成了老年人开展体育活动的主要阵地。社区在开展老年人体育服务支持方面具有以下五个方面的资源优势：一是社区能够提供老年人活动所需的体育设施；二是社区里的体育指导员能提供一定的体育指导服务；三是社区可以举办一些体育活动供老年人参加；四是社区离家近，便于老年人进行锻炼；五是锻炼伙伴可能是周围邻居或亲朋好友，有利于情感的维系和精神世界的充盈。因此，构建以社区为依托的老年人体育活动组织网络将成为当前老年人体育服务社会支持系统建设的重要突破口。

4.其他组织

在老年人体育服务社会支持系统中，学校、医疗机构、企业、媒体、志愿者等社会支持主体提供了各种资源，也扮演了相当重要的角色，构成了其他社会支持系统。在其他社会支持系统中，学校具有体育场地设施优势，大学的体育学院还具备老年人体育服务需要的专业人力资源；医疗机构不仅可以给老年人在体育活动之余提供保健服务，还可以与学校或社会体育组织共同培养康体复合型的社会体育指导员，为老年人体育活动提供科学指导；企业在老年人体育服务社会支持体系中可以弥补其他主体支持可能存在的低效问题，同时市场的参与还能打破其他主体可能存在的垄断，有利于满足老年人个性化、多元化、多层次的服务要求；此外，在信息时代，大众媒体的宣传、传播功能对于营造良好的老年人体育氛围、宣传老年人体育、促进老年人体育活动与赛事的开展起到很好的社会舆论支持的促进作用。可见，这些正式组织在老年人体育服务系统中发挥了一定的作用，理应成为参与主体。

5.个人社会支持网

个人社会支持网是指个人借以获得各种资源支持（如金钱、情感、友谊等）的社会网络。[①] 有研究认为，亲属在财务支持和精神支持方面有重要作用，同事和朋友的精神支持大于财务支持。[②] 从老年人体育服务来看，个人社会支持网是指老年人能够获得用于体育锻炼的物质与情感的社会关系网络。这一网络所提供社会支持的内容包括老年人参与体育活动的金钱、体育用品等物质支持，活动陪伴，情感支持等；从提供主体人员上看，提供这些支持的更多是家庭成员、亲属、同事、邻里和朋友；从功能上来看，这一主体主要是提供老年人体育所需要的物质、资金及精神支持。鉴于以上分析，个人社会支持网也是老年人体育服务的重要组成部分之一。

## （二）多元主体的角色定位

1.政府的主导地位

主体定位指对于多元参与主体在治理系统中地位的确定。关于体育服务的主体定位学界有两种不同的定位倾向：强调网络化治理的主体定位与强调政府主导的主体定位。网络化治理主体定位强调多元主体在参与公共事务管理的过程中各主体的平等地位，强调治理过程中以平等协商的方式来解决问题。这种

---

① 贺寨平.国外社会支持网研究综述[J].国外社会科学,2001(1)：76—82.

② 贺寨平.社会经济地位、社会支持网与农村老年人身心状况[J].中国社会科学,2002(3)：135—140.

主体定位更加关注政府与市场之外其他社会力量在社会管理中的平等地位与作用。政府主导定位认为，在公共事务管理过程中仍然要强调政府的主导作用，从全球公共事务的管理实践来看，政府力量依然是有效治理的关键因素。协同治理是对"全能政府"管理模式的完善，对于重大社会事务的管理，多元主体的参与只能是政府力量的合理补充。从中国社会的发展以及本书实地调研所了解的现实情况来看，笔者认为协同治理中强调政府的主导地位更加符合中国实际。因此，在本书构建的老年人体育服务系统中，政府被定位为系统的主导地位，其他参与主体在政府的主导之下协同参与老年人体育服务的社会支持。

2. 体育社团的主体地位

系统中的体育社会组织（体育社团）角色定位为满足老年人体育需求的社会支持主体地位。我国体育社团面临培育发展不足和规范管理不够的双重问题，但从体育行政体制改革的实践来看，体育社团的实体化是体育行政体制改革的大方向。社团实体化的目的在于给社会组织"增权"，在于培育体育社团的力量，让体育社团来承接体育行政部门的体育服务职能。可以预见，体育社团将会是未来体育活动的基本组织载体。因此，本书把体育社团的角色定位为老年人体育服务的支持主体，并把这一主体的功能定位为满足老年人群体的体育社会需求，承担政府职能难以有效覆盖的体育服务，为老年人提供多样化的体育赛事和个性化的体育活动。

3. 其他组织与个人社会支持网的辅助与补充地位

从其他社会组织功效上来看，这些社会支持力量在我国老年人体育服务支持中发挥了一定的辅助作用；从功能上来看，这些组织主要是提供了老年人体育服务所需要的专业技术的支持，是以上四种支持之外的有益补充。因此，本书将其他组织的角色定位为辅助性的专业技术支持组织。个人社会支持网和其他支持主体相比，个人社会支持网更多来自亲情与友情这一小规模的社会交往网络，在政府与其他主体投入不足的情况下，来自这一主体的亲密关系的支持具有重要的作用，即使是在政府不断增加财政投入的前提下，其对个体的社会心理支持也是其他社会支持系统难以替代的。因此，本书把个人社会支持网的角色定位为亲密关系支持网络。其他社会领域对于老年群体社会支持的研究认为，个体的社会支持网络只有融入其他支持系统中才能更好地发挥有效应对人口老龄化的作用。同理，老年人体育服务的个人社会支持也要与其他支持途径结合起来，才能实现健康老龄化与积极老龄化的目标。

4. 政府与其他主体的协作关系

治理主体之间关系的核心是政府与社会组织之间的关系，也是学界分析多元主体关系的焦点。纳吉姆指出，政府与社会组织之间存在合作、吸纳、互补、冲突四种关系。① 从一些西方国家的发展来看，政府与社会组织之间的确经历了"先冲突、后协作"的过程。② 根据我国实际情况，政府在发挥主导作用的同时，也要与社会组织建立合作共赢的协同关系。当然，合作并不意味着社会组织是政府的"伙计"，是政府的执行机构或附属机构。本系统中所构建的政府与其他参与主体之间的协作关系包括拾遗补阙型、合作伙伴型、协同增效型三种形式。拾遗补阙型是指在老年人体育服务中"政府失灵"的地方，社会组织正好有充足的资源，在法律和政策许可的情况下为老年人提供需要的服务。合作伙伴型是指社会组织与政府合作提供老年人所需要的体育服务，社会组织以买方的身份承接政府的公共服务职能。协同增效型是指社会组织发挥其基层与基础性的管理作用，帮助政府一起治理社会网络，如社区提供的老年人体育服务。

### （三）多元主体的责任界定

治理主体边界的清晰，是发达国家协同治理实践的基本前提与基本事实，只有科学界定构建的四类主体的职责与义务，才能保证各个主体在完成系统目标时，首先明确自己的基本职责各司其职，然后才能在系统整体框架之下，配合其他主体协同作战。因此，主体责任的界定是协同治理的重要内容。

#### 1.政府责任

一是制定老年人体育政策与制度，从宏观上支持老年人体育的发展。如在体育法、国家体育发展规划、全民健身计划、健康中国战略里明确规定老年人应该享有的体育权利以及政府应当承担的责任，从法律、制度和政策上为老年人体育的发展以及权利的保障保驾护航。二是提供体育发展资金，用于体育公共服务。资金的提供，可以直接通过行政划拨，也可以通过发行体育彩票的形式筹集。三是利用经济杠杆调节分配，鼓励社会及企业参与老年人体育服务。如利用体育彩票基金发展体育事业，为老年人体育提供公共场地设施；对于承接政府体育产品生产与服务的企业给予一定的经济补贴或者是税收减免。四是利用行政手段监督下属部门落实好国家的各项体育政策与制度。

---

① NajamA. *TheFour-C's of Third Sector-Government Relations: Cooperation, Confrontation, Complementarity and coopotation*[J]. *Nonprofit Marnagement & Leadership*, 2000(4): 375—396.

② 扶松茂.开放与和谐: 美国民间非营利组织与政府关系研究[M].上海: 上海财经大学出版社, 2010: 100—127.

2. 体育社团的责任

在本书构建的老年人体育服务社会支持中，体育社会组织（体育社团）是系统的支持主体。体育社团的主体责任表现在以下几个方面。一是提供体育锻炼技术服务。如前所述，体育社团是老年人参与体育活动的重要载体，老年人加入社团的初衷在于学习和更好地掌握某项体育技能。因此，体育社团的主要责任在于提供老年人锻炼所需的技术服务。二是组织管理老年人体育活动。老年人加入社团的另外一个目的在于借助特定的组织，参加一些与学习技术相关的活动，找到技术展示的舞台。鉴于此，体育社团的另一个责任在于组织并管理好老年人体育活动，为社团成员提供学习与展示的平台。三是满足社团成员的心理归属感。老年人体育社团作为老年人退休以后参加的社会组织，还要成为老年人"心有所依，情有所托"的情感组织，以满足老年人融入群体的心理归属感。四是承担体育社会责任。体育社团的发展不仅要满足成员的个人学习与情感需求，还要满足老年人再度社会化的需求，适当承担一些社会责任，如作为参赛者参加社区公益性的体育赛事，丰富社区居民的生活；作为老年志愿者，服务社区组织的体育赛事或者体育活动，发挥余热；社团成员担任社会指导员，指导本社区或者其他社区的初学者学习某个项目的技术等。

3. 社区责任

随着经济和社会的发展，社区的功能越来越完善，社区是有效连接家庭与社会、家庭与政府的关键环节。社区作为老年人日常体育活动的主要场所，在本书所构建的系统中起着"依托"的基础性作用。因此，大力发展社区老年人体育活动，组织和引导老年人积极参与体育锻炼成为社区的基本职责。首先，社区要为老年人提供必备的体育健身设施。社区在提供普适性的健身器材或体育活动场地的同时，有条件的社区应该增设专门针对老年人的体育健身场地和设施。其次，开展普及程度较高的老年人体育活动，如广场舞、太极拳等，并以节假日老年人体育活动或竞赛的举办来带动老年人日常体育活动的开展。最后，要构建一种社区体育文化，激发潜在的老年人体育参与者转变为现实的体育参与者，培育良好的老年人体育文化娱乐氛围，使老年人生活内容更加丰富，做到身心健康。

4. 个人社会支持网责任

个人社会支持网包括家庭、同事、朋友和邻里的支持，在老年人体育服务方面，朋友、同事和邻里主要是提供参与体育活动的信息、陪伴以及精神支持。家庭在这一网络中扮演着重要角色。由于中国人对家庭具有强烈的归属感，只要家庭中存在具有体育意识的成员，家庭中所有年龄段的成员都可以通过家庭体育的形式进入运动场。家庭体育对于家庭成员养成健康生活方式、预防疾病、减少家庭医药开支、促进家庭成员身心健康、密切家庭成员的关系具有重要作用。鉴于家庭的重要性和其所承载的教育功能、娱乐功能、消费功能和情感交流功能等与体育的关联，家庭在老年人体育服务社会支持中将肩负起一定的责任与义务。家庭承担的主要责任包括以下内容。一是为参加体育活动的老年人提供装备方面的财务支持。家庭成员是否给参与体育活动锻炼的老年人购买适宜的体育健身器材、服装等，给予老年人参与各项体育活动所需的经费支持会影响老年人的体育活动参与程度。二是承担陪伴的任务。家庭成员之间的支持与陪伴对于老年人参加体育活动有重要作用，尤其是老年夫妻双方的陪伴和精神支持。三是提供参加体育活动的时间。子女或者另一半是否分担看管孩子的责任和部分家务，也会影响老年人体育活动参与程度。四是营造家庭体育氛围。好的家庭体育氛围，能培养老年人良好的体育意识，使老年人能关注自身健康，主动投身体育锻炼。

5.其他组织的责任

本书中构建的其他组织是政府、体育社团和社区支持之外老年人体育服务的补充，在系统中主要发挥专业性技术支持的作用。这些组织不是系统的主要支持力量，只有融入政府、体育社团和社区支持才能发挥最大效益。

（1）社会体育指导员。社会体育指导员在我国政府、体育社团、社区体育中发挥着提供专业技术支持的作用。我国目前形成了公益社会体育指导员和职业社会体育指导员两支队伍与两类制度的并行状态。在老年人体育服务社会支持体系中，不管哪种社会体育指导员都需要肩负起责任与义务。首先，要具备健身理论指导与咨询的能力（具备这种能力，也是对被指导者负责）。不管是公益性社会体育指导员还是职业社会体育指导员，都应该具备体育健身方面的专业知识，并运用所掌握的知识，根据老年人的健身需求，提供多元化的健身服务指导。其次，还要具备组织与控制能力。这一点指的是在指导老年人进行体育锻炼时所具备的专业技术能力与应对突发事件的能力。最后，要具备健身效果评价与研究能力。能对老年人健身效果进行评价，掌握体育科学研究的基本方法，深化自身理论与实践水平，更好地为老年人体育服务。

（2）企业责任。根据老年人体育服务属性的界定以及准公共产品理论，老年人体育服务也需要市场来进行共同承担。随着政府逐渐淡化直接进行社会管理，市场提供体育服务的职能将发挥重要作用。具体来说，企业承担的老年人体育服务的责任包括以下几点：一是承接政府的生产职能，为老年人体育服务提供装备、公共体育场馆、场地、设施。二是承接政府的体育服务职能，为老年人体育赛事提供有偿服务，满足老年人的体育需求。企业可以通过政府购买公共服务的形式承担赛事服务职责。尽管企业参与提供老年人体育产品与服务的过程中获得了一定的经济收入，但在客观上起到了支持老年人体育的作用。三是承担体育社会责任，为老年人体育提供力所能及的公益服务。企业的成长和发展离不开国家与社会的支持，因此，企业在从社会挣得丰厚的经济收入的同时，应当承担一定的社会责任来回馈社会。从体育服务层面来说，企业的社会责任可以通过以下方式来实现：为老年人体育社团或者体育赛事提供体育赞助，修建社区小型体育广场，免费为社区提供老年人体育设施、锻炼指导等。

（3）体育志愿者责任。自从现代奥运会创始人顾拜旦基于志愿精神创立了奥林匹克运动以来，志愿者服务已发展成为大型体育赛事管理与服务体系的重要内容，在大型赛事中发挥了重要作用。随着我国体育事业的发展，我国举办国际性的大型赛事越来越多，在这些赛事中也招募和使用了大量的志愿者。志愿者为大赛提供翻译、宣传、接待、咨询、秩序维持、联络、竞赛训练、安全保卫等服务，这些服务为赛事提供了强有力的支持。在老年人体育服务方面，志愿者的作用主要通过为老年人体育赛事提供服务体现，如负责竞赛的组织管理与裁判工作。志愿者的职责主要是提供高质量的技术性服务来支持老年人体育。除了老年人赛事，志愿者还可以通过参与体育公益活动的形式来助力老年人体育活动的开展。

（4）医疗机构责任。慢性病已经成为全球性的公共卫生问题。老年人是慢性病患者中的主要人群，庞大的老年慢性病患者人群给我国医疗卫生体系带来巨大压力，昂贵的慢性病治疗费用给患者带来沉重的医疗负担。《"健康中国2030"规划纲要》提出，要加强体医融合和非医疗干预，推动形成体医结合的疾病管理与健康服务模式。因此，为了解决慢性病给老年人带来的身心危害的问题，医院的首要职责是要为医体结合的大健康服务体系提供技术与服务。此外，为老年人体育锻炼进行科学指导，并开具运动处方，尤其对治疗慢性病要做到长期跟踪与合理指导。最后，配合社区开展医体结合健康服务的宣传与咨询活动，使老年人认识到体育锻炼和医疗保健相结合治疗慢性病的作用。

（5）学校责任。学校是本书所构建的社会支持系统中的一个辅助力量。学校对于老年人体育的主要职责在于为所在社区老年人提供体育活动的场地。虽然学校体育场地的主要任务是服务于学生的体育教学与体育活动，但鉴于其场地的公共特性，亦有服务社会的职责。因此，在不影响学校正常体育教学的时段（如清晨、傍晚、寒暑假），学习体育场地可以考虑对社区老年人开放，以方便老年人就近参加体育活动。同时，社区高等学校也拥有为数可观的体育场地，在为社区提供锻炼场地的同时，还应充分利用高校的体育人力、物力与智力资源为老年人体育提供支持。在物力支持方面，体育学院的体质监测设备应为社区老年人定期进行体质监测和锻炼效益监测；在人力资源方面，高校的学生尤其是体育学院学生，应承担社区体育志愿者与体育社会指导员的职责；在智力支持方面，体育学院教师可为社区老年人举办科学健身知识讲座，普及科学健身的基本常识与技术；还可以根据体质监测的结果为老年人提供运动处方，指导老年人科学健身。

（6）媒体责任。媒体文化对人的心理特征、行为结构、态度倾向等方面都产生了明显影响，使得当代人的生活形式、内容乃至思维方式都随之发生了巨大变化。在老年人体育服务方面，媒体主要承担以下责任。一是为老年人传递体育知识与信息。媒体最强大的功能在于知识与信息的传播，老年人通过媒体的宣传了解体育项目、体育赛事、体育活动等体育知识与信息；同时，媒体可以通过体育节目，向老年人普及一些体育锻炼的技术。二是为老年人提供体育娱乐途径。体育既有健身功能，又兼具娱乐作用。体育赛事节目的传播，不仅可以让老年人了解体育知识，同时还在观看赛事的同时起到放松身心的作用。三是营造老年人体育参与氛围。媒体通过对竞技体育与全民健身的广泛宣传，可以在整个社会营造老年人参加体育锻炼的良好氛围。四是促进老年人体育参与意识增强，帮助老年人建立正确的体育价值观。媒体对体育锻炼、科学健身知识的普及有助于增强老年人的体育锻炼意识；对老年人体育参与正面的、积极的报道与宣传有助于帮助老年人建立正确的体育价值观。

## 五、多元主体支持系统的运行机制

萨缪·鲍尔斯认为，物品或服务的提供机制有三种，即社群机制、行政机制和市场机制。在本书所构建的我国老年人体育服务的社会支持系统中，同样存在以上三种不同的支持机制。本书老年人体育服务社会支持系统的运行机制基于"优化行政机制、拓展市场机制、引入社群机制"的思路探讨。

### （一）优化行政机制

鉴于面向老年人体育服务的准公共产品的性质，政府理所当然地成为老年人体育服务的承担者，行政机制一度成为我国老年人体育服务的主要运行方式。然而政府的"有限理性"以及"全能政府"容易导致老年人体育服务方面的缺位与低效。在我国转变政府职能、建设高效服务型政府的背景下，优化政府在提供公共服务方面的行政机制将成为未来的趋势。行政机制的主要作用领域表现在以下三个方面。首先，提供老年人体育活动基本的锻炼场地与设施，或者提供建造体育场地设施的资金，并以政府购买公共服务的方式组织企业参与生产与服务；其次，出台体育政策与制度保障老年人体育的发展，并对政策的实施进行监督与评估；再次，组织大型体育赛事及活动，为老年人体育提供赛事平台。

### （二）拓展市场机制

市场机制是指由市场根据老年人的体育需求来提供体育服务的社会支持机制。尽管老年人体育服务具有准公共产品非排他性的特性，市场不具备提供支持的经济动力，尤其是在老年人体育活动所必备的要素如场地设施、技能培训、体育信息服务、体质监测、体育组织等要素方面不具备提供支持的动力，因此，存在"市场失灵"现象。尽管在老年人体育服务领域存在必然的"市场失灵"，但不代表市场机制在老年人体育服务方面没有任何发挥作用的空间。首先，老年人参加体育活动需要一些必需的体育用品，因此，体育用品市场能在市场机制的引导下为老年人提供合适的体育产品。其次，在政府管理逐渐淡化对社会的直接管理的大趋势下，市场还可以通过承接政府购买公共服务的方式介入到老年人体育服务过程中来。这是市场机制间接在提供公共服务方面发挥了作用。具体到老年人体育服务来看，市场机制间接作用的事务主要包括通过承接政府购买的公共服务，参与公共体育场馆及场地的建设，参与大型公共体育场馆的经营与管理，提供社区体育基础设施，为老年人体育赛事提供有偿技术体育服务和体育商业赞助等。

### （三）引入社群机制

对于公共服务的治理，在集体行动的确需要的地方，除了政府干预之外，还可以引入社群治理（如协会治理）等多种办法。社群是基于社区发展而来的，与社区相比，社区更加强调物理空间的划分，社群则更强调群体和个体之间的交互关系，强调情感互动与交流。社群内部有自发形成的一致遵循的行为规范，社群成员互动频繁，通过持续的互动形成了具有一定向心力和凝聚力的群体。这种向心力和凝聚力有助于个人依靠"群生活"找到自身精神家园和价值皈依。因此，社群的互动特性以及凝聚力有助于老年人体育服务的社会支持发挥重要作用。在本书构建的系统中体育社团即是社群机制运作的典型组织，这也是本书把老年人体育社团的角色定位为系统主体地位的原因之一。社群机制主要应用于以下两个方面。一是老年人体育社团事务的运作。老年人体育社团是老年人个体出于对某项体育活动的兴趣而自愿结成的一个相互交流、学习的社群，社群运作机制即是社团成员共同决定社团活动的相关事宜。二是社区群众性文体活动的组织与管理。社群机制的运作表现为：社区在组织事关老年人体育的活动事宜时，需要征求社区老年人的意见，并为老年人体育活动提供可操作性的服务。这种情况下的管理与组织活动不适合采用行政机制的命令与要求来解决问题，需要引入社群机制，发挥社群机制民主决策与群策群力的作用。

### （四）运行机制的选择

治理是一个动态的过程，治理目标的实现不仅需要多元化的主体构成，还取决于协同治理的运行机制。在本书所构建的系统中，体育社团、社区、志愿者、个人社会支持网是按照社群机制运行的组织，政府、学校、社区、医院等是按照行政机制来运行的组织，企业是按照市场来运行的组织。其中，社区承接政府职能的部分按照行政机制来运行，社区自治事宜则宜采用社群机制，目前的情况是行政机制处于主导地位，社群机制作用空间不足。因此，多元主体协同为老年人提供体育服务支持关键在于针对不同事项、领域的服务或管理的不同特性，设计出这三种治理机制的最优组合。事实上，我国在诸多国家与社会事务的管理上同时采用了这三种机制。如在我国的《体育产业发展的"十三五"规划》《"健康中国2030"规划纲要》等体育发展的大政方针中同时配置了社群机制、行政机制和市场机制。又如，在大型老年人体育赛事中，整个的组织管理需要以行政机制来运行；赛事服务以志愿者为主，则需以社群机制来运行；赛事相关设备与器材的采购、赛事商业赞助，则要按照市场机制来运作。

# 第三节　我国老年人体育服务社会支持系统实现策略

## 一、明确政府自身职责，加大正式社会支持力度

政府作为各项政策的制定者和执行者，在社会事务的推进上起着无法替代的作用。协同理论认为政府具有动员资源、组织保障的优势，但如果政府对社会事务过度干预或者完全不作为，将致使其他社会支持主体边缘化，从而引发各主体之间产生难以调和的矛盾。因此，科学合理的系统是既要发挥政府在社会事务方面的基本保障作用，又要避免出现"政府失灵"的现象。本书提出在

老年人体育服务社会支持系统中政府的角色定位是"主导"地位，但"主导"并非传统意义上的"包揽"，而是明确职责、做好引导、协调其他主体参与老年人体育服务支持的作用。

### （一）强化制度协同供给，提高政策质量和可操作性

从政府层面来看，用政策和制度来把握和调控资源配置是老年人体育服务社会支持的最主要形式。现代化、科学化的公共政策系统是由信息、咨询、决断、执行、监控等子系统所构成的大系统，只有这些子系统密切配合、协同一致才能促使政策大系统得以顺利运行。首先，针对实践中老年人体育服务的重点难点问题，要把加快发展老年人体育服务纳入国家体育发展规划，发挥政府的主导作用，切实为老年人体育活动提供良好的社会服务。其次，政策制定要以全生命周期的视角进行老年人体育政策创新，推进老龄化社会和谐发展，满足不断增加的老年人口的体育需求是老龄化社会下老年人体育政策的重要内容。再次，借鉴日本老年人体育配套政策的制定，完善政策配套措施。各级地方政府要从本区域经济社会发展状况和老年人群实际需求出发，结合贯彻落实规划，设计好老年人体育服务系统建设路线图、时间表、任务书，有计划、分步骤地推进工作，制定完善相关配套政策，形成一个衔接配套、上下贯通的规划系统。

### （二）加强引导与协调，实行多主体跨领域协同支持

在老年人体育服务社会支持系统构建中，政府的主导作用还体现在政府有责任协调多元支持主体的利益，引导各主体有序运行。政府在老年人体育服务中的协调工作主要包括三个方面。一是在政策制定阶段引导多元主体参与政策的制定。在政策制定之前政府应大力拓宽社会意见表达渠道，让社会各界通过各种途径向政策决策中心表达自己的利益诉求，建立以政府为主导，老年人体育社团、基层社区、家庭、其他社会支持主体参与的老年人体育政策制定的多元协商机制。二是在政策执行阶段做好多元实施主体协同落实政策的协调工作，形成政策执行与落实的合力。这方面可以参考美国经验，美国《国家计划：促进50岁以上成年人身体活动》由46个部门共同制定与推进，为了提高不同部门的参与意识和参与能力，国家计划对各部门的参与途径做出了具体而详尽的方法指导。为了解决国家层面的政策协同问题，我国已经建立了国务院全民健身工作部际联席会议机制，中国老年人体育协会也应该纳入其中，各地各级老年体协也要纳入各地全民健身联席会议机制中，并在联席会议的指导下协调一致，共同制定和推进老年人体育政策。三是宏观上要推动体医结合，推动全民健身与全民健康的深度融合。

### （三）加强监管与评估，保障老年人体育政策的落实

保障老年人体育服务社会支持系统中老年人体育权益与老年人体育目标的达成，需要在一系列体育法律与法规的框架下，完善中央、省、市、县、街道纵向的法律法规和各级政府横向主体间老年人体育服务供给标准、主体权责、承接主体选择标准、质量评价体系等一系列规定社会支持主体的行为、标准、制度，形成监督、问责机制。以政府购买老年人体育服务的监管和评估为例。首先，以老年人体育需求为导向，建立政府购买老年人体育服务指导性目录。针对不同服务的需求特点，充分调研，广泛征求相关供应商、专家及广大老年群体的意见，探索和建立政府购买老年人公共体育服务的范围。积极引入第三方评估机构，建立健全科学合理的老年人公共体育服务评估机制。其次，从社会支持的过程来讲，支持前，政府引入第三方机构，对老年人公共体育服务是否需要提供、提供什么以及如何提供等问题进行评估，特别是对政府购买之前如何区别老年人公共体育服务需求与老年人体育服务需求进行评估；支持过程中，基于服务内容，政府通过引入第三方评估机构对服务方案的可行性等问题展开专业化评估；结束后，以老年人群体的满意度为宗旨，引入第三方评估机构对承接主体承接服务的不同阶段进行评估，并提出改进意见。这种监管和评估方式既可以有效地提升政府效能，平衡各方利益主体的诉求，又可以满足老年人群体的利益需求。同时，为了更好地实现老年人体育政策预设的价值目标，政府还需要不断完善评估指标体系、细化评估内容，以保障老年人体育政策的落实。

## 二、培育社会组织参与能力，提升社会力量协同支持水平

本书所构建系统中的体育社会组织主要包括体育社团、社会体育指导员队伍、志愿者组织等。在老年人体育服务社会支持系统中，社会体育组织既是联结政府与老年人群体的纽带，又是老年人体育服务生产的核心主体，是老年体育服务工作社会化的具体执行者。但我国承接老年人公共体育服务的社会力量发育尚不成熟，这在很大程度上影响了社会力量对老年人体育服务供给的质量与效果。因此，提升社会体育组织的参与能力，是完善社会力量支持老年人体育服务的关键环节。

### （一）大力发展体育社团，提升其协同政府专业服务的能力

老年人体育社团，是开展老年体育工作和指导老年人科学健身活动的重要依托和基本载体，是政府联系老年群体的桥梁和纽带，也是老年体育社会化最

重要和最关键的环节。按照国家社会组织改革与发展的总体要求，要加快推动体育社团的改革，提高体育社团承接全民健身服务的专业能力，尤其要积极发挥全国性体育社团的龙头示范作用。因此，在体育社团的建设上，要实行体育社团实体化，从中央到地方要建立各级体育总会，其运作要相对独立，形成自我管理、自我服务的组织。各级老年人体育协会、农民体育协会、职工体育协会等不同人群协会及各单项体育协会要创新思路，切实发挥职能作用，提升专业服务能力。培育和发展老年人身边的体育健身组织，让广大老年人在参加体育锻炼时有归属感。在省、市、县、乡、村建立体育总会，做实老年体育协会（简称体协），发展老年单项体育协会，老年体协要成为各级体育总会的主要组织。老年体协自身要选好主席，建好秘书处，设立和发展下属的单项运动协会，并延伸到基层。对于老年人体育社团的发展，具体要做好以下四个方面的工作。一是发挥好科学决策智囊作用，要围绕老年人关心的重点、热点问题开展调查研究，为政府部门科学决策提供重要参考。二是发挥好综合协调作用。要通过科学有效的工作机制，利用各方面资源，凝聚各方力量，推动形成党委领导、政府主导、社会参与、全民行动相结合的老年人体育工作新格局。三是发挥好老年人体育信息调查发布作用，加强老年人体育活动数据的调查收集和发掘应用。四是发挥好宣传引导作用，充分利用全民健身日、重阳节、敬老月、重大纪念活动等重要时间节点，开展好宣传，营造舆论声势，推动全社会重视、关注、支持老年人体育工作。

### （二）发挥老年人体协的作用，推动体育赛事与活动的开展

体育赛事和体育活动是老年人体育的具体载体。老年人体育社团作为本书所构建系统中的主体，承接政府体育事务的管理职能，推动体育赛事与活动的开展是其主要的工作。老年人体育社团开展活动的实践也证明，在政府的适当引导下，老年人体育社团完全可以承担大型老年人体育赛事与体育活动，并以此来推动老年人体育项目的发展。以第三届全国老年人体育健身大会（简称"三健会"）为例，本届老年人体育赛事完全交由中国老年人体育协会来运作，项目设置和总规程的设计充分体现了赛事服务于老年健身群体、促进项目普及与推广、促进老年人广泛参与体育锻炼的目的。如在总规程的设计方面，协会以"重在参与、重在健康、重在快乐、重在交流、重在安全"为宗旨，扩展了参赛组团的范围，允许行业体协与国家机关联合组队。在项目设置方面，协会广泛听取地方老年人体协对本届"三健会"项目设置的意见，调整加入了一些各地开展比较多的项目：对健身操、持杖健走、柔力球等项目放宽了参赛年

龄；个别项目增设小项，为参赛老年人增加更多交流机会；以人为本调整了参加大会组委会人员资格审查办法，同时还调整了对违规者的处罚规则。在奖励措施上，继续淡化锦标观念，实行优秀奖和优胜奖，严格评选道德风尚奖和最佳组织奖，激励老年人展现良好的健身风范和体育精神。在全国性体育活动的推动方面，老年人体育协会同样可以有所作为。以全国老年人的健步走活动为例，中国老年人体育协会于2015年分别在山东、河南、浙江等地举行培训活动，累计培训1300余人，对各个项目的骨干人才进行了有针对性的培养，带动了这些项目在国内各地的普及和推广。中国老年人体育协会通过"11·11"全国健步走大联动活动的示范效应及伴随的各类体育健身活动，在全国形成健步走大联动的健身局面，掀起了全国各地健走互动的全民健身热潮，让健步走迅速成为时尚。

## （三）完善体育志愿者制度，推进志愿服务专业化和常态化

我国的体育志愿者群体包括社会体育指导员和自由体育志愿者两个群体。主要服务于大型体育赛事，在老年人体育服务方面，据调研访谈与考察了解还存在服务少、队伍不稳定、服务指导不确定、服务指导效果不佳等问题。事实上，我国体育志愿者数量可观，且还有很大的发展空间，只要掌握一门体育技术加以服务培训即可为老年人体育提供指导服务。在国外，美国体育志愿者是老年人体育服务社会支持体系中重要的一环，美国的老年体育志愿活动开展得十分活跃和成功，早在1994年美国社区体育志愿者就多达2 000万。[①] 在澳大利亚昆士兰科技大学有超过1500名本科生志愿者，他们包括护理、人类运动和体育专业的学生，这些学生经常作为志愿者参与老年人体育赛事，为体育赛事提供帮助。[②] 我国的问题在于志愿者的管理上缺乏系统的规划，服务老年群体的志愿意识还不够。培育老年人体育服务志愿者的措施如下：一是借鉴德国设立专门的老年人体育指导员队伍，因为老年人体育指导队伍与其他群体不同，往往需要指导员付出更多的时间和精力，服务人员易流失。稳定老年人体育服务队伍，可以在社区设定合理比例公益性岗位，有效保证服务人员的基本收入，提高其稳定性。二是以社区体育场馆和设施为基础，建立老年人体育志愿服务站，建设志愿者服务项目，以志愿服务项目来推动老年人体育服务。以家政服务、文体活动、心理疏导、医疗保健等为主要服务内容，以特殊老年人

① 薛玉佩. 美国体育志愿服务的激励机制及其启示 [J]. 体育文化导刊, 2012(11): 16—19.
② ClarkL, EbranA, GrahamA, etal. *The seniors' games: An innovative australian community program[J]. Activities, Adaptation & Aging*, Vol. 27(3/4)2003, 27: 53—63.

为主要服务对象，有针对性地开展社区老年人体育志愿服务。三是在社区推行志愿者星级认定和嘉许制度，建立健全社区志愿者招募注册、培训管理、服务记录、服务评价、证明出具与志愿激励等制度，通过制度的完善鼓励高校体育专业毕业生、退役运动员、返乡农民工参与社区老年人体育服务，充分发挥离退休干部、退休教师、年老退伍军人的特长。实行"爱心银行""时间银行"等志愿服务回馈制度①，推进社区志愿服务经常化和常态化。四是鼓励年轻的老年人参加志愿服务。60—70岁的年轻老年人大多数身体健康，在美国、日本等国家这一年龄段许多老年人还在职业岗位上工作。因此，在身体条件允许的情况下，完全可以投身老年志愿服务。同时，老年志愿者有时间和精力、有社会经验和责任感，也熟悉社区情况，在社区宣传、治安防范、环境治理、邻里互助等方面有很大优势。《"十三五"国家老龄事业发展和养老体系建设规划》也提出，推行志愿服务记录制度，鼓励老年人参加志愿服务，到2020年全国老年志愿者注册人数达到老年人口总数的12%。

### 三、拓展市场参与机制，丰富老年人体育市场供给

#### （一）完善政府购买公共服务职能，培育市场支持力量

政府购买公共服务是政府由管理向服务转型过程中保障基本公共服务的重要手段，也是提升供给效率的重要方式。我国政府购买老年人体育服务在整体上存在着范围偏窄、规模偏小等问题，整体效果不佳。因此，在老年人体育服务社会支持系统的构建中要完善政府购买服务机制，推动支持方式多样化。一是调查了解老年人体育服务的精准需求，完善政府购买老年人体育服务指导性目录。针对不同服务的需求特点，充分调研，广泛征求相关供应商、专家及社会公众的意见，不断探索和扩大政府购买范围。二是根据体育服务的项目内容、财政资金、提供此类老年人体育服务的社会力量的活跃程度、老年人体育需求等多方面因素，采取最为合适的购买方式，建立多元化的购买服务机制。对于存在竞争性市场、外包性较高、可控性较强的老年人公共体育服务领域，如老年人健身器材等服务适合采取独立关系竞争性的公开招标方式；对于服务领域需要复杂技术或者特殊要求且潜在投标人数量较少的项目或者服务，可采用独立关系非竞争性的竞争性磋商等方式；对专业性有较高要求的特殊服务，

---

① 陈功，黄国桂. 时间银行的本土化发展、实践与创新——兼论积极应对中国人口老龄化之新思路 [J]. 北京大学学报（哲学社会科学版），2017(6)：23—27.

如老年人体育竞赛服务，以依赖关系非竞争性的单一来源购买较为稳妥。三是设立政府购买老年人体育服务专项资金，并不断多元化扩大资金投入。在财政预算方面，政府要以老年人体育服务定期需求评估为基础，设立专项资金。同时，拓展资金筹集机制，通过多种渠道、手段引导社会资本参与到政府购买老年人体育服务活动中来，使其与财政资金共同成为老年人体育服务资金来源。

### （二）引导规范体育市场，满足老年人多种体育需求

政府既是公共资源的核心提供者，又是整合配置市场资源的重要设计者和推动者，更是公共资源和市场资源之间最好的组织者和协调者。从老年人各层次需求的内容构成看，必备要素向一维要素、魅力要素扩展的序列呈现出从基本体育设施服务的单一需求满足，向体育服务项目功能深化与内容丰富的发展性体育服务延伸的需求倾向。此类体育服务项目需求由于内容宽泛、个体需求差异大、政府直接供给作用较小，应该充分发挥社会资本、市场的力量。一方面，由专业的人提供专业的服务，可以有效提高老年人体育服务供给质量；另一方面，只有社会力量的多元属性才能满足老年人的多元需求，提高供给效率。在老年人社会支持体系中既要发挥市场力量的机制灵活、服务便利等特点，又要避免市场为获取利益而不生产具有纯公益性的老年人体育服务产品。首先，政府要降低市场资本的准入门槛，为体育市场组织承办老年人体育服务营造良好的外部环境；疏通社会力量参与老年人体育服务的输送渠道，如可以为体育市场组织提供优惠政策或免税政策。同时企业也应该提高服务质量，培育自身品牌，还要与高校科研机构合作，生产更多适合老年人使用的体育服务产品，推进老年人体育服务市场化程度。其次，要加快体育产业与养老产业的全面合作，形成紧密联系的"养老 + 体育"的产业链，全方位满足老年人的多种需求。最后，企业在产品定价方面要立足于我国未富先老的实际情况，既要有高档的体育健身器材，也要有平价亲民的体育产品，以提高对老年人的吸引力，从而扩大产业规模。

## 四、支持老年人体育赛事，丰富老年人身边的体育活动

### （一）举办老年人体育赛事，提供展示与竞技平台

对于政府来说，举办老年人体育赛事不仅在全社会营造出老年人体育锻炼氛围，也满足了老年人的老有所为、老有所乐的体育需求。老年人在某项体育项目的技术水平达到一定的高度的时候，也会有展示自我竞技水平，通过体育竞赛来切磋技艺、追求竞技体育成就感的心理需求。同时，体育竞赛的适度

压力也会让老年人投入更多的时间与精力去练习体育项目。因此，在保障安全的前提下政府应多举办一些老年人体育赛事，不仅给有一定技术水平的老年人提供展示自我、追求卓越的平台，也能充分地让这些老年人享受竞技体育带来的激情与快乐。国家层面上有全国老年人体育健身大会，将来地方政府也要多举办老年人体育健身运动会。此外，各地老年人体育协会还可以在政府购买公共服务的支持下，举办单项老年人体育赛事，如门球赛、广场舞赛、柔力球赛等，通过赛事调动老年人参加体育健身活动的积极性。各乡镇老年人体协分会，在自娱自乐的基础上，也可以积极组织各种适合老年人竞技的对抗赛、邀请赛、友谊赛和农民运动会，把科学健身同参赛展示结合起来，丰富老年人的体育生活。鉴于体育赛事的公共产品的特性，举办综合性赛事的责任主要在于政府。但是政府可以通过购买公共服务的形式来组织赛事，如所有具体参赛项目的组织与管理，可以向老年人体育社团购买；整个赛事的组织也可以向经营性的体育产业公司购买。政府负责提供经费、场地、安全与赛事宏观策划。

### （二）组织老年人体育活动，丰富老年人的日常生活

体育有"赛的体育"和"玩的体育"，老年人体育更多是"玩的体育"，老年人在体育活动中追求更快乐、更高寿、更强健。体育活动蕴含着"老有所为，老有所用"的社会参与思想，可为老年人创造出一种工作之外融入社会的环境，通过体育活动中的角色补偿离职之前工作岗位上的社会角色，同时还可与其他老年人进行情感交流，帮助老年人快速适应离职以后的新环境，继续为社会发挥余热、做出贡献。而且，体育活动能使老年人提升身体素质，获得积极的情绪和自信心等，这些都有助于积极自我老化态度的形成。因此，为了让老年人老有所用、老有所为，要丰富老年人身边的体育健身活动。老年体育活动可以从普及健身项目出发来组织开展，健身活动要适合老年人特点，组织要科学，运动量要适当，要从老年人自己喜爱的项目入手，加以辅导、推广、普及，逐步增加一些新的运动项目。同时，主办方在组织开展活动时，应多考虑大部分老年人的承受能力，以休闲型、康力型为出发点，从广大老年人的生理、心理出发，减轻他们心理上过大的压力，避免老年人因体力不支，或在心理上压力过重而出现问题。此外，老年人体育活动要多样化。老年人体育活动项目比较单一，主要还是广场舞、太极拳、健步走等，活动方式、内容都需要更丰富，多一些伴随老年人一辈子的活动，激发老年人的兴趣，比如在韩国推广的迷你高尔夫、迷你网球等。多样化的基本要求是积极组织、因人制宜、百花齐放、各具特色。同时，要基于"文化与体育结合，现代与传统结合，时尚

与乡土结合，运动与休闲结合，智力与趣味结合"的原则精心组织开展各类老年人喜闻乐见的体育科学健身活动。

## 五、加强体育与健康信息服务，营造协同支持舆论氛围

### （一）加强媒体宣传力度，完善老年人体育信息传播机制

全球流动最快的信息不是电影和时尚信息，而是健康类信息。各种媒体要加强老年人的体育宣传工作，让老年人了解健身知识、国家政策和自身权利，提升老年人的健康素养，多渠道完善老年人体育服务信息传播交流机制。一是加大对老年人从事体育活动的宣传，利用电视、报纸杂志、社区宣传栏、网络等媒介，阐释体育的功能和作用，让老年人对体育活动的好处有更深的理解，从而养成自觉参与体育活动的习惯。二是组织老年人养生、健身知识讲座，让老年人能够科学健身。三是在全社会大力弘扬老年人从事体育活动的先进典型事迹，开展评选如老年体育先进个人、先进小区等活动，推进老年人体育不断发展。四是弘扬老年人身边的体育健身文化。习近平总书记非常重视弘扬体育精神，多次发表重要讲话，强调要汇聚实现中国梦的强大正能量。我们要大力弘扬老年人身边的体育健身文化，老年人热爱生活，积极向上，不甘寂寞，着眼未来，教育后人，有很多感人故事，可以通过电影、电视剧、微视频等不同形式，反映老年人体育健身的幸福生活。

### （二）改进宣传方式，提升老年人体育传播效果

我国的老年人体育在宣传方式上还存在渠道单一、形式简单的问题，导致了老年人体育的宣传效果不甚理想。在新的时代背景下，老年人体育宣传通过建设科学健身科普画廊、全民健身、健康中国、老年人体育发展规划专题讲座等形式，做好全民健身的政策法规宣传；通过全民健身节、全国老年人体育健身运动会等重大活动，做好体育赛事与活动宣传；通过电视、手机、网络媒体推广健身简单实用的健身知识和方法，做好运动项目普及宣传；通过总结老年人体育社团、体育赛事、体育活动的经验，做好老年人体育服务典型宣传；通过现代化的媒体手段，建立老年人健身信息平台，做好老年人体育的网络宣传。通过各种宣传方式，引导动员老年人积极参与体育健身活动，在全社会形成支持老年人体育的浓厚氛围。同时，还要保证宣传质量与效果，不仅要传播权威、科学的健身与健康知识，还要用通俗易懂的语言来表达，提升老年人体育传播的效果。

### （三）重塑老年人体育参与舆论语境，营造良好体育参与氛围

要面向社会广泛开展人口老龄化国情教育，大力倡导"积极老龄化""健康老龄化"理念，优化老年人体育参与环境。社会舆论对老年人健身引发的问题的关注，已经成为引发社会全体焦虑的锚点。当前如何解决老年人广场舞噪音扰民的问题、如何改变社会大众对老年人体育的歧视与偏见、如何营造人人参与与大众支持的老年人体育文化氛围成为当下老年人体育服务社会支持系统建设的重要议题。

媒体作为大众舆论的风向标，要树立全面支持老年人体育参与的氛围。具体来说，第一，媒体需要增加对老年体育活动的关注，加大老年人体育参与的宣传力度，增加报道的数量，在全社会营造人人参与、大家支持的老年人体育氛围，为老有所为和"健康老龄化""积极老龄化"营造良好的氛围，提高老年人通过体育实现老有所学、老有所为的影响力和美誉度。第二，广泛动员社会力量的积极参与和支持，充分运用广播、电视、报纸、期刊、网络等媒体的力量，广泛宣传老年人体育参与的重大意义，宣传老年人赛事与活动中涌现出的先进老年人物和支持老年人的先进事迹。第三，提升报道质量，多做帮助老年人解决体育活动实际问题的深度报道。第四，多做正面报道，负面内容注意客观地分析问题，减少社会对老年人体育的误解。比如广场舞扰民问题，媒体应该从本质上分析老年人体育参与过程中出现扰民现象的真正原因，让民众了解老年人体育健身活动的真实动机，从而让大众对老年人体育从误解向接受、认同、关爱不断转变。通过媒体的宣传教育，破除各种制约老年人体育参与的传统观念，消除年龄歧视，引导全社会认可老年人的价值，接纳老年人各种形式的体育参与行为，努力营造全社会积极看待、热情支持老年人体育参与的良好氛围。第五，宣传内容要与时俱进，多做深度传播。面对老龄化社会带来的挑战，面对老年群体日益增长的健康与健身需求，面对健身与健康产业的巨大发展机遇，主流媒体必须科学分析、有效洞察，探索老年人喜闻乐见的全新表达方式和多元化呈现方式，为健康老龄化与积极老龄化贡献力量。

## 六、弘扬传统美德，构建个人社会支持网

老年人的个人社会支持网络可分为一级社会网络和二级社会网络。一级社会网络是指具有血缘关系的网络，包括老年人的配偶、子女等家庭成员；二级社会网络是指连接家庭与社区的具有地缘和业缘关系的邻里朋友、单位同事等元素或相关元素集合。

## （一）营造家庭体育氛围，引导老年人养成锻炼习惯

在中国传统社会关系中，家庭是老年人养老的重要场域。家庭养老既是一种责任，又是中国"孝文化"的传承。家庭在本书所构建的个人社会支持网中是最重要的支持力量，是个人社会支持网中的一级社会网络，家庭成员有责任和义务支持老年人开展体育健身活动。家庭成员支持老年人体育活动对内是一种责任，对外则是一种价值理念，是一种积极老龄化与传统公共道德中孝文化有机结合的价值观。在我国老年人体育服务社会支持系统尚未正式建立起来的现实背景下，更有必要继续加强传统家庭支持与扶助的作用。因此，作为子女有必要在父母还相对"年轻"的时候，就营造良好的家庭体育氛围，引导"年轻"的老年人养成体育锻炼的习惯，通过物质帮助和精神鼓励其积极参加锻炼，强身健体，培养其通过体育参与积极老龄化。同时，在父母步入年迈阶段时，在日常照护时，陪伴和引导高龄老年人参与一些力所能及的体育活动，既有助于老年人健康的改善与提升，同时也满足老年人需要陪伴的精神慰藉。因此，在老年人体育服务家庭支持网络的构建上，有必要传承传统孝文化，强化家庭的物质帮助与精神照护功能。要在全社会弘扬积极老龄化理念，在各级单位广泛开展人口老龄化国情教育，向年轻人普及体育参与对老年人身心健康的重要性和关于帮助老年人进行适应性的身体活动的知识。同时，树立家庭支持老年人体育的典型，引导更多的家庭支持老年人的体育活动。

## （二）加强敬老爱老道德建设，构建邻里互助支持网络

增权理论认为将对老年人的社会支持作为增权的一种介入方法，通过在社区建立老年人社会支持网络，可以有效满足老年人的工具性需要和表意性需要[①]。搭建邻里互助网络，让老年人聚在一起维护自身的医疗保健和体育休闲活动，形成社群，共同分享他们需要的服务。邻里之间组织开展活动，不仅能够增进社区的人际往来，使老人不再孤立；而且能够帮助老年人相互沟通和交流，分享体育活动给他们带来的乐趣。在个人社会支持网中，邻里、朋友等二级社会网络会因为邻里的异质性导致关系淡薄和支持作用不明显的问题。因此，加强思想道德建设，宣传新的老年观，提升二级社会支持网络的敬老爱老意识，可以通过在二级社会网络所在的社区、协会和艺术团体等加强现有老龄化形势的相关知识普及，实现尊老敬老意识全覆盖[②]。首先，改变人们对老年人

① 费孝通. 乡土中国生育制度 [M]. 北京：北京大学出版社，1998：96.

② 邬沧萍，姜向群. 老年学概论 [M]. 北京：中国人民大学出版社，2006：49.

的错误认知，使居民不再对老年人怀着一种歧视的心理，使尊老、爱老等思想观念深入人心，给予老年人尊重和支持。其次，积极主动地参与到老年人的体育活动中去，不仅在体育锻炼时为老年人提供指导，还在日常生活中体现邻里之间的互帮互助。再次，还应该充分发挥邻里、朋友等个人支持对老年人体育信息的支持作用，他们是老年人重要的信息来源，应当积极主动地加强与老年人的沟通交流，满足老年人对体育信息和服务需求。最后，积极鼓励老年人群之间的自主互助，组建老年互助队。

### （三）弘扬积极老龄化观念，引导老年人自助与互助发展

积极老龄化是当前国际社会大力倡导的应对人口老龄化的重要理念，这一理念认为：老年人群体蕴含着巨大的价值，是一种尚未完全开发的人力资源。如前所述，在发达国家如日本与美国，这一理念已经转化为现实的生产力，这两个国家许多 60 岁以上的老年人仍然活跃在各个工作岗位上。积极老龄化也是本书构建老年人体育服务社会支持系统的基本理念之一。我国政府也积极鼓励老年人参加社会生活并进行自我管理。2013 年《国务院关于加快发展养老服务业的若干意见》就提出"支持老年群众组织开展自我管理、自我服务和服务社会活动"。老年人之间的自助与互助也是推动老年人体育事业发展的重要手段，因此，在政府与社会支持的基础上，老年人要积极开展自助互助志愿活动。尤其是体育社团或者其他组织中有体育专业背景的老年人，要鼓励他们继续为社区的老年体育事业服务，形成老年人自助与互助的良性循环[①]。老年人的互助志愿服务可以通过结对帮扶组成老年互助队，形成低龄老年人服务高龄老年人，健康老年人帮助失能老年人的自助与互助的社会氛围，为积极应对人口老龄化做出新贡献。

---

① 张彩萍，高兴国. 弱势群体社会支持研究 [M]. 兰州：兰州大学出版社，2008：102.

# 第三章　我国老年人体育服务供给优化策略探析

## 第一节　我国社区老年人体育服务供给现存的问题

### 一、体育基础设施无法满足老年人的需求

体育场地设施是老年人开展体育健身活动的必要条件和重要保障。随着经济的快速发展，老年人对于体育健身场地的需求越来越强，现有的对老年人开放的体育健身场地数量已经满足不了老年人的需要。虽然各地区近年来大力开展以社区公共体育服务设施为主的实事项目建设，体育健身场地设施数量上有所增加，但是场地的质量和场地的管理都需要保障。调查中了解，老年人参加运动的不同类型场所的分布虽然比较均匀，但是适合老年人的运动场地和设施却不多，社区养老服务设施与社区体育设施的功能衔接不紧密。部分百姓健身房虽然提供了较为丰富的健身设施，但是主要是面向中青年，适合老年人体育锻炼的健身器材少，也没有配备完善的医疗设备，与老年人需求匹配度不高，数量上也不能满足数量庞大的老年人的需求。

### 二、专业化的健身指导员的短缺

近几年，各地区采取了一些措施，积极培育国家级老年体育指导员和老年体育组织管理人才，社会体育指导员的数量也在逐年增加。但是与各地区市庞大的老年人口数量相比，老年体育人才无论在数量还是质量上都无法满足日益强烈的老年体育需求。目前，社区体育指导员还是以退休居民为主，年轻人

很多并不愿意投身到老年体育工作中去。目前部分城市登记在册的社会体育指导员平均年龄在 60 岁左右，其中还有很多已经工作 10 年以上实际上已经不再参与社区健身指导，由此可见，现实参与社区健身指导服务的人员较少。在健康中国的大背景下，对老年人的健康指导，不仅包括运动技能方面的指导，更重要的是结合老年人的身体情况，开具运动处方，这就对社会体育指导员的专业能力提出了很高的要求，而目前社区体育指导员的水平距离这一标准差距较大。

### 三、老年体育组织缺乏竞争性与监督评估

全国各地区、街道、社区大部分都建立了老年人体育协会、社区健身俱乐部等社会组织，每个社区也都有数量不少的健身团队。虽然市场和社会组织参与体育公共服务供给的情况在不断增多，可是并没有改变各地区体育公共服务生产和供给中政府的绝对主导地位。各地区的体育协会大多数属于半行政半社会性质的社团，独立性不够，主要的资金来源于政府的资助，不能很好地参与到社会供给中来，导致组织运营过程中缺乏竞争性与监督评估。

### 四、体育监测服务不够完善

就目前来看，街道层次的国民体质测定服务较少，虽然在每年的全民健身日等活动时，市、区级国民体质流动检测车会来到群众中间提供国民体质测定服务，但就整体来讲，第一，公民接受服务的便利性不足；第二，街道、社区等基层政府部门对该项服务的宣传力度不够，致使许多人对于体质测定服务并不知晓；第三，公民的健康意识不强，仍具有病看病，无病忽视健康的陋习。

### 五、体育信息宣传形式陈旧，内容单一

社区对老年体育信息宣传的内容较为单调。虽然很多街道社区都有信息宣传栏，但有的只是偶尔张贴一些生活小常识，并且常年不更换，对老年人帮助并不大。有的街道会张贴健身操、柔力球、太极拳的技术方法，但这些运动的有关锻炼方式、锻炼方法以及锻炼的注意事项还是需要专业的人员来指导。健康中国的大背景下，老年人也越来越关注健康信息，特别是针对老年人慢性病的运动干预信息，但是目前有关这方面的知识宣传较少。首先，老年人获取健康信息多通过小道途径，没有科学根据。其次，体育信息传播不够及时，街道社区信息宣传栏没有发挥应有的作用，很多街道社区的宣传栏由于相关工作人

员工作散漫，不能及时传达信息，导致信息传播的时效性较差。再次，虽然大部分社区每年均组织开展不同形式、不同内容的老年人健身讲座，但举办的频率较低，大多数街道社区每年开展老年人健身讲座的频率为 1—3 次，很难达到有效增强老年人健身意识、增进老年人科学合理健身知识的要求。

# 第二节　我国社区老年人体育服务供给优化的对策

社区作为开展老年人体育活动的重要领地，在发达国家老年人体育服务体系建设中占有十分重要的地位。在美国，社区体育成为促进老年人参与体育和增进健康的重要策略，社区成为老年人体育政策实施的推动主体。同时，美国政府还特别重视社区公共体育设施的建设，并通过联邦政策与相关医疗补助改善了社区设施。澳大利亚则在社区中给老年人提供社交类服务，如指导老年人锻炼、行走，加强肌力和平衡训练等，同时配套有家务类服务、个人护理类服务、医疗类服务等其他综合服务。日本对社区建设特别重视，体育活动被纳入社区建设之中，并成为一种重要战略手段，老年人参加有组织体育活动的主要场所是社区体育部，政府等部门建立了体育设施完善、功能齐全的综合社区体育俱乐部，并配备了高水平的体育指导员，推进社区体育的发展。因此，我国应该大力开展以社区为依托的老年人体育活动，将体育活动融入日常生活当中，使老年人养成良好的锻炼习惯，同时配套相关的基础设施。通过改善体育设施、建立社区保健服务、加强与社区医院合作、建设社区老年人体育组织以及营造锻炼氛围等，形成老年人"体育健康促进"的社区生活方式。

## 一、推动管理重心下移社区，培育社区老年人体育服务能力

从美国、日本、澳大利亚等国老年人体育服务的实践经验来看，社区是老年人体育活动开展和健康促进的重要场域，是老年体育政策执行的推动主体。从老年人的健身需求看，更注重健身场所是否距离近、便捷，相较于集中居住的养老服务机构，从所居住的社区中获得持续、稳定的服务更符合老年人的心理和服务需求。因此，应从保障老年人"在社区进行体育参与"的目标出发，提高社区老年人体育服务能力。在具体措施上，首先要加强社区管理的内部治理，不断增加社区内部社会资本存量，提高社区主体参与老年人体育服务的供

给能力；其次，提升社区内部管理人员的奉献精神、志愿精神和体育专业能力，增强社区管理人员的体育服务能力；再次，逐步完善老年人体育组织孵化基地，培育社区老年人体育社团，政府通过向社区老年人体育社团购买体育服务的方式为老年人体育社团输血助力。此外，社区还要协同社区内其他社会支持主体共同做好老年人体育服务。社区通过协同居委会以及工、青、妇等群众团体，建立社区体育社团、文体中心、各类健身指导站、健身俱乐部等社区体育组织，行使对老年人体育的领导和管理职能；充分利用社区各种体育资源，协同社区医院，积极参与对老年人的健康指导，开具老年人运动处方，推广科学健身治疗慢性病等老年人体育服务；协同社区各种老年人体育组织，保证老年人体育活动的制度化、日常化、生活化，为老年人体育的发展提供多方位的服务。

## 二、推进社区老年宜居环境建设，配建老年人身边的健身设施

老年宜居环境主要是指环境规划和建设应当符合老龄化发展要求，为老年人日常生活和参与社会创造安全、便利、舒适的环境。我国目前的城市规划和建筑设计由于缺乏对老龄化形势的前瞻性考虑，大部分公共设施和建筑设计均忽视老年人群的特殊需求，导致高龄或者身体状况不佳的老年人衣食住行等日常生活面临许多实际的困难。为着力解决老年人的住和行问题，《老年人权益保障法》明确规定：要推进社区宜居环境建设，为老年人提供安全、便利和舒适的环境；并明确要求在制定城乡规划时，要根据老年人的特点，建设适合老年人的文化体育设施。体育场地设施作为老年人体育活动的最基本需求，对其的支持是至关重要的，这部分如果出了问题，会给老年人带来很多深层次的困难。因此，城市社区应配合国家推进老年宜居环境建设，建设老年人身边的体育健身设施。在社区公园、住宅小区房前屋后修建适合老年人锻炼的场地，配建相应设施，让老年人出门就有地方健身，高龄老年人下楼就有设施可以锻炼。甚至还可以在老年人家里配备方便老年人锻炼的设施。近年来，智能化产品大量涌现，给老年人的生活带来极大便利。如智能化健身装备、可穿戴健身监测设备、跳绳机等就很适合老年人，能够帮助老年人进行健康与锻炼管理，及时监测锻炼结果。

## 三、整合社区体育人力资源，提升老年人体育服务水平

是否拥有一支专业的服务队伍是决定基层老年人体育工作开展得好坏的

重要因素，对老年人养成科学健身习惯具有重要意义，因此，要加强为老年人服务队伍的专业化建设，加快老年人体育服务人才的培养，提升老年人体育活动组织和指导能力。很多社区拥有丰富的体育人力资源。如社区体育社团有着各个运动项目的专业技术人才，社区医院有专业的保健医生，社区学校有专业的体育教师，社区体育院校还有专业的教师与学生。因此，整合社区体育人力资源来发展社区体育是一条切实可行的路径。在老年人体育服务人员的吸纳方面，可以采取引进来和送出去且与体育院校相结合的模式。如从高等院校引入体育专业人士，以实习或者就业的方式充实社区老年人体育服务工作人员队伍；也可聘请高校的专家、学者在社区举办老年人科学健身讲座、制作并发放老年人科学健身简报以普及科学锻炼的相关知识。针对不同类型的老年人群体，提供不同层次的体育服务，实行分类管理。对于低龄老人，鼓励他们在体育活动之余积极参与社区体育管理，达到以体育参与来促进积极老龄化的目的；对于高龄老人和健康状况较差的老年人，要整合社区社会体育指导员与体育志愿者队伍保护和指导他们进行体育锻炼，对锻炼项目、器材、时间都要有较为严格的把控，防止在体育锻炼过程中出现损伤。此外，还可以借鉴美国和德国的经验，借助高校和科研院所的力量加强老年人体育的理论研究，深刻把握老年人体育工作规律，为老年人体育服务提供保障。有计划地在体育院系和中等职业学校增设老年人体育服务相关专业和课程，培养精通老年医学、护理、营养、心理和体育康复保健等方面的专业人才。

### 四、建立医体结合支持体系，普及和推广社区老年人"运动处方"

《"健康中国2030"规划纲要》提出要体医结合，促进非医疗干预手段治疗慢性病的作用。因此，要对老年人健身形成科学指导，需要体育部门、医疗机构等相关单位形成合力，建立体医结合的服务支撑体系，体医结合、科学合理地为老年人提供健身指导。美国的运动健康服务体系为我们提供了可以参考的经验。美国在国家健康计划中把推进体力活动作为健康促进的重要方式，强调医疗卫生服务体系与体育健身服务的"体医结合"，构建了运动健康指导服务平台、健康公民计划、国民体力计划相结合的运动健康服务体系，充分发挥了体育健身促进国民健康的价值①。我国目前已通过"健康中国纲要"提出并倡导了体医结合的理念，接下来需要做的是如何协调体育、医疗卫生与健康管

---

① 彭国强，舒盛芳．美国运动健康促进服务体系及其对健康中国的启示[J]．体育与科学，2016(5)：112—120．

理部门的关系，把体医结合的理念落到实处。以社区为依托的老年人医体结合健身指导服务，可以从以下几个方面入手：首先，向老年人普及科学运动知识，宣传运动要坚持全面锻炼、循序渐进、持之以恒这三个原则，强调老年人要把握好自身的情况、运动的目的、活动的环境、项目的选择、运动的强度五项因素。其次，强调老年人运动的个性化特点。不同的老年人在做不同的运动时，也可能有不同的易受伤处，这就需要根据老年人的不同年龄、不同性别、不同体质，提供有针对性的"运动处方"，为老年人量身定制包括运动种类、运动强度、持续时间等方案，使老年人享受到个性化、差异化的运动服务。目前，在我国部分地方，作为一种体质监测、运动指导的有效手段，"运动处方"也逐渐被人们接受。一些具有资质的医生不仅会根据公众的身体情况提出锻炼指导建议，还会针对其所在社区健身器材的种类，帮助其选择健身项目、锻炼频次等，充分体现了定制化的特点。再次，加强体医结合人才的培养，推动"运动处方"进一步普及。继续加大运动医疗学科的建设，支持鼓励三级甲等医院设立运动医疗科，形成上下贯通的医疗服务网络，带动运动处方师、运动健身指导人员、康复治疗师等专业人才队伍的培养。最后，卫生、体育部门也要共同努力，协作培养能开"运动处方"的医生。这方面可以借鉴澳大利亚培养全科医生的做法，支持和鼓励全科医生在社区中开设老年人康复医疗点，实现社区老年人康复医疗点与医院的服务对接，并注意社会体育指导员队伍和全科医生队伍的有机结合。在具体措施上，协同社会体育指导员、社区医生、体育志愿者组建社区老年健康工作团队，在社区广泛开展"社区主动健康计划"，为老年人营造良好的体育参与支持环境，让每位老年人能够便捷地获取健康信息和高质量的体育服务。

## 五、建立社区老年人体育服务数据库，构建信息化管理平台

日新月异的互联网与大数据技术给当前的老年人体育信息服务带来了新的技术支持。国家体育总局目前正在建设共享健身网，这一网络平台是在老年人体质健康评估、健身服务、医疗服务等领域搭建的线上、线下老年人体育服务平台，旨在提升老年人体育服务的智能化水平，开启智慧健身新模式。在互联网大数据技术的支持下，社区也要整合相关体育服务资源，协同社区医院、高等学校等组织的专业技术，建立社区老年人体育服务数据库，构建信息化管理平台。这一平台以社区为单位对老年人进行体质健康、体育活动的信息采集，并与医疗记录相通，建立完善的老年人体质健康档案。在北上广及武汉等大城市中许多社区已经开启了这项工作，并取得了良好的效果。同时，信息

化管理平台可以将单一社区点串联起来，形成老年人体育服务资源"面"，可以有效提升医疗资源和体育资源的配置优化程度。信息化管理平台还可以成为收集老年人体育服务需求、传播老年人体育政策、获取科学健身知识的重要途径。

# 第三节　我国社会力量参与老年人体育公共服务供给的现状

## 一、社会力量发育不够，致使服务范围过窄

在老年人公共体育服务供给中，社会力量参与呈现出参与主体过少、参与度较低、独立性不足、专业性偏低、多样性不够等问题，其深层原因之一在于社会力量发育得还不够，尚未形成社会力量参与的力量支撑体系，从而导致了社会力量供给服务范围过窄。具体表现为：第一，体育社会组织整体规模相对较小、数量相对较低。目前，体育社团作为体育社会组织的重要组成部分，是参与老年人公共体育服务供给的重要主体之一。从最近几年的数据来看，虽然我国体育社会组织正在逐渐增多，但总量仍然偏低，由于老年人公共体育服务的特殊性，参与老年人公共体育服务供给的体育社会组织只少不多。同时，虽然企业等体育市场组织积极布局老年人健身产业，但从总体上看，社会力量参与度仍然较低，如在国家体育总局购买老年人健身器材服务时，根据招标文件规定，最多可以确定 3 家中标商，但中标商的数量从未达到招标文件规定的最大数，侧面反映了参与竞标的企业很少。第二，体制内外体育社会组织的有序竞争问题。从政府权力转移和体育社会组织权力承接来看，一些体育社会组织往往存在官民二重性，其主管单位权力"放"得不足，体育社会组织自身的财政权、人事权受其主管单位制约，既不独立，也难以自主。① 这就会存在对效率追求有余，对人的价值关注不足、回应性不够，组织与公民的沟通不畅等一系列弊端。② 这在一定程度上影响了具有较强独立性的体育社会组织参与老年人公共体育服务供给的积极性与主动性。第三，志愿服务型参与专业性欠缺。

---

① 张丽萍. 政府向体育社会组织购买公共体育服务的路径之选 [J]. 南京体育学院学报（社会科学版），2017(1)：98—103.

② 李礼. 批判的公共组织观——简评登哈特的《公共组织理论》[J]. 东南学术，2009(6)：35—41.

老年人公共体育服务志愿者组织发育不完善、专业性不足。目前老年人体育服务志愿者组织主要采取"自愿报名参加、统一组织活动"的方式，将热心服务老年人公共体育服务的志愿者纳入志愿队伍中来。在实践中，参与老年运动会志愿服务是比较常见的一种模式。此外，有较多的低龄老年人也逐渐加入了老年人公共体育服务志愿队伍，有形成"以老治老"的新趋势。但由于志愿者专业性、技术性的缺失，难以形成组织化、规模化和体系化的志愿服务体系。第四，政府购买型参与服务类型单一。政府购买型参与作为社会力量参与老年人公共体育服务供给的主要模式之一。目前购买的内容主要为体育设施服务、体育活动服务、体育指导服务，其他方面的体育服务涉及较少，这也就导致了社会力量参与服务供给的单一性。

## 二、潜在力量发掘不足，以致参与力量单薄

在老年人公共体育服务供给领域，国家政府也积极转变供给方式，积极引入社会力量参与服务供给。2006年老龄委颁布的《中国老龄事业发展"十一五"规划》就首次提出了"制定相关政策法规，鼓励和引导社会力量投入老年文化体育事业"。2015年国家体育总局12部委颁布的《关于进一步加强新形势下老年人体育工作的意见》更是明确提出"要注重社会化，加快政府职能转变，创造条件吸引社会力量参与老年人公共体育服务"。显然，社会力量与老年人公共体育服务的可匹配性受到了国家政府的高度关注。在实践中，社会力量参与老年人公共体育服务供给取得了一定的成绩，但仍存在社会力量潜力挖掘不够充分、社会力量之间缺乏互动参与等不少问题。第一，老年人公共体育服务供给仍是由政府主导，虽然社会力量在老年人公共体育服务供给中不同程度扮演了相应的角色，发挥了一定的功能，体现了社会力量与政府参与并协作，共同承担责任的政策导向，符合"大社会、小政府"的服务型政府发展理念。但在体育制度、体质监测、体育组织、体育指导、体育信息等作用领域中，社会力量参与尚显不足。第二，在实践探索中，在体育制度方面，完全由政府机构进行老年人公共体育服务供给政策的制定，这虽契合了我国现行的管理体制，但社会力量并非不可以参与到老年人公共体育服务供给政策的制定当中，比如在基层的社会力量（具备科研能力的）就可以进行一些调研工作，各类媒介（媒体等）进行宣传等。此外，除了社会力量与政府协同供给老年人公共体育服务外，还缺乏社会力量之间协同参与服务供给模式的大胆尝试，如"体医结合"等。

# 第四节　我国社会力量参与老年人公共体育服务供给的优化策略

## 一、采取多元培育举措，提升社会力量全面参与的能力

在老年人公共体育服务供给过程中，由于政府与市场供给大都会存在各自的供给弊端，即通常所说的"失灵"，从而无法满足我国老年人日益增长的公共体育服务需求，这也就为社会力量发挥作用提供了广阔的空间。社会力量不同于政府与市场，其能在较小的范围内，以更为弹性的方式，灵活地开展活动，为老年人群体提供必需的体育服务，填补政府在供给老年人公共体育服务上的缺陷。社会力量既是联结政府与老年人群体的纽带，又是老年人公共体育服务生产的核心主体，具有重要的地位和作用。但从实践上看，目前我国参与老年人公共体育服务供给的社会力量发展尚不成熟，这在很大程度上影响了社会力量参与老年人公共体育服务供给的质量与效果。因此，以社会力量多元培育举措为手段，提升社会力量参与服务供给的能力，是提高社会力量参与老年人公共体育服务供给质量与效率的关键环节。第一，应构建社会组织孵化机制。以激励发展与制度规范并重、强化扶持与独立成长并重为基本发展原则，有针对性地培育和发展老年人体育社会组织，尤其要重点发展与老年人公共体育服务有关的体育行业内体育组织、体制内体育组织以及一些具有体育功能的综合性组织。同时，要健全社会组织各项制度，完善法人治理结构。要构建诚信建设机制，制定体育社会组织自律与诚信建设评估指标，并建立体育社会组织诚信档案。[①] 第二，应完善志愿服务管理制度。要建立志愿者选择机制，因为老年人公共体育服务的特殊性，对志愿者的专业性提出了较高的要求，所以要重点吸收相关专业企事业单位人士（如高校体育学院，医学院的学生、老师）成为老年人体育服务志愿力量；建立志愿者积分制度，以激发志愿者的积极性与主动性，引导其自觉主动提升自身的专业服务能力，从而促进老年人公共体育志愿服务专门化、制度化和规范化发展。第三，应构建市场组织引入机制。以政府与社会力量之间的合作共赢为原则，降低以老年人公共体育服务供给为

---

① 崔光胜，余礼信. 基层政府购买农村公共服务：实践、困境与路径——基于江西省 G 镇的个案分析 [J]. 中南民族大学学报（人文社会科学版），2014(6)：138—142.

主要内容的体育市场组织的准入门槛，为体育市场组织承接老年人公共体育服务搭建良好的平台和营造宽松的外部环境，如可以为体育市场组织提供优惠政策或免税政策等。

## 二、挖掘潜在社会力量，确保体育服务的全方位供给

多中心治理以自主治理为基础，允许多个权力中心或服务中心并存，通过相互合作给予公民更多的选择权和更好的服务。[①] 其具有治理主体多元化、治理结构网络化、治理效益最大化的基本特征，并能建立一种准竞争或者竞争机制，使各中心主体对公共服务或物品的生产、使用与维护展开竞争，以降低成本、提高质量与增强回应性。因此，挖掘潜在的社会力量参与老年人公共体育服务供给，不仅能丰富老年人公共体育服务供给内容，还能有效地提高老年人公共体育服务供给效率与质量，实现老年人公共体育服务供给领域的全方位布局。第一，营造家庭体育氛围，鼓励老年人参与体育运动。家庭成员要从时间、经济条件以及体育意识等多方面为老年人参与体育锻炼提供支持，这对老年人预防疾病，促进身心健康，甚至降低家庭医疗费用，提高整个社会的健康水平都具有重要的作用。第二，兼顾传统媒体与新媒体传播方式，加强老年人体育信息宣传力度。由老年人体育健身科普画廊等单向传播，向体育健康知识专题讲座等双向传播，及网络、手机社交媒体等多向互动式传播转变。第三，实施"银龄互助"计划，引导"以老治老"新风尚。人口老龄化既是挑战也是机遇，如何挖掘老年人口红利，应对老龄化也是需要深度思考的问题。第四，构建老年人体育的"三社联动"模式，形成完整的老年人公共体育服务供给格局。"三社联动"意在充分发挥社区的基础平台作用、社会组织的服务载体作用、社会工作人才的专业支撑作用，重在完善社区组织发现居民需求、统筹设计服务项目、支持社会组织承接、引导专业社会工作团队参与的工作体系。[②] "三社联动"实质上是一种跨部门协作方式。所谓跨部门协作，是指共同参与解决问题、信息共享和资源分配的多边集体关系。[③]

---

① 孔繁斌. 公共性的再生产：多中心治理的合作机制建构 [M]. 南京：江苏人民出版社，2008：35.

② 曹海军，薛喆. "三社联动"机制下政府向社会力量购买服务的三个阶段分析 [J]. 中国行政管理，2018(8)：41—46.

③ 李精华，赵珊珊. "三社联动"：内涵、机制及其推进策略 [J]. 学术交流，2016(8)：162—168.

# 第四章 养老机构老年人体育服务现状与对策

## 第一节 养老机构体育资源配置的理论分析

### 一、养老机构体育资源配置研究的理论基础

#### （一）我国公共事业组织管理的理论研究

公共事业是国民经济发展中具有重要作用的基础行业，具有全局性和先导性的远大影响，不仅为社会各方面提供基础设施，同时还是维持社会可持续发展的重要因素。公共事业的范围很广，包括整个社会事业或社会公众事业，其服务的主体是社会大众，服务范围涉及以下几个方面：科学研究事业、教育事业、文化事业、体育事业和公共卫生事业等。随着社会的进步与经济的发展，社会成员对公共事业的需求也是不断增长的。所以，如何才能以最小的成本，满足社会大众对公共产品、公共设施、公共服务和公共安全的需求呢？人们对公共事业不断增长的需求和公共事业自身所具有的复杂特点，使有组织、有计划、协调地对公共事业进行监督、控制和管理变得非常的有必要，这就是公共事业管理。公共事业管理是指国家政府和公共组织充分利用社会上的各种资源，不以盈利为目的地积极解决社会公共问题。公共事业管理已发展成为一门运用管理学、政治学和经济学等多学科理论方法，专门研究公共组织的管理活动及其规律的学科体系，并被广泛应用于科、教、文、卫等事业的管理之中，对我国社会经济、政治整体运行和民众日常生活起着非常重要的作用。开展公共事业管理的相关研究既是学术界的重要课题，更是促进我国行政体制改革深

入发展的需要。

公共事业管理的核心是公共利益，虽然管理的前提不是为了盈利，但是并不等于不会盈利。事实上，公共事业的收入往往大于支出，但是它们赚取的利润又必须用于公共事业的组织与建设，用于提高社会公共服务的质量和效率，而不能对赚取的利润进行分配。

中国是政府主导型的发展中国家，所以我国公共事业的组织、运行和管理几乎都是由政府来完成的。但是随着公共问题的不断涌现，光靠政府的力量是不够的，政府职能的转变是必由之路。由此可知，政府和非政府组织一定要进行合理有序的分工协作：通过行政强制途径进行干预的、投入资金多、规模宏大、涉及面广的公共事业由政府承担；涉及面小，具体到某个方面、某地域范围或是某个行业领域的公共事业管理，则由专业性强、覆盖面广、灵活性大的非政府组织进行管理。政府和非政府合理的分工协作是有效管理公共事业的必要保证，也是政府和非政府组织良性运营的基础，同时也会促进社会的可持续发展。

### （二）我国非政府组织管理的理论研究

非政府组织（Non Government Orgnization，NGO），是介于工商企业组织和政府组织之间的第三种类型的具有非政治性、非营利性和非宗教性的社会组织。它不以营利为目的，在企业和政府未能开展活动的领域，为社会提供公共产品和公共服务。在我国，中华扶贫基金会、中华慈善总会、中国人口福利基金会、中国青少年发展基金会等都属于非政府组织。这些非政府组织的出现，有效地减轻了政府负担，缓解了社会矛盾，为推进我国社会事业的发展，提供了条件。

非政府组织具有社会性、组织性、公益性、自治性、非政府性和非宗教性等六大特征，其活动范围遍及社会生活的各个方面，涉及扶贫、妇女、孤儿、残障儿童、老人、流动人口、艾滋病、环保和法律援助等各个领域，且正在不断发展壮大。

非政府组织是公共管理的重要内容之一，同时也是公共管理的参与者。公共管理包含两个要素，即管理性和公共性。单从管理层面来说，为了实现高效率的管理，需要通过计划、组织、指挥、协调、控制等手段，以达到对资源的有效配置。从这个意义上来说，非政府组织管理就是通过计划、组织、控制等手段来配置人力、物力和财力资源，从而最大限度地完成预期目标。

## 二、养老机构体育资源配置的原则、目标和模式分析

### （一）养老机构体育资源配置的基本原则

第一，共享性原则。共享性原则也可以称为公益性原则，这一原则是社区体育资源进行配置时首先要遵循的原则，同时也是养老机构在进行体育资源配置时应该遵循的基本原则。发展老年体育事业是政府应该承担的责任和应尽的义务，参与体育活动也是每一位老年人应该享有的基本权利。养老机构的体育资源是有限的，所以，必须在有限的体育资源内，实现资源的合理、有效的共享。从这里可以看出，共享性原则是指贯彻"以人为本"的人文关怀理念，使每位老年人公平地享有各种体育资源。

第二，可操作性原则。这一原则是对社区体育资源进行优化配置时，必须要严格遵守的原则之一。具体来说，是指在对社区体育资源进行配置的时候，应该运用科学的理论方法，对本社区的情况有一个全面的掌握，包括本社区的地理位置、人口构成、社会层次、人际关系状况、文体活动情况及需求、社区公共空间和公共文体设施等。只有真正了解了以上具体信息，社区体育资源才有可能得到合理配置。

第三，计划与市场协调配置的原则。计划与市场协调配置是在养老机构体育资源进行配置的过程中，应该遵循的一个基本原则。贯彻这一原则是为了进一步优化体育资源的配置，让每一位老年人最大限度地享有体育资源。举例来说，社会市场可以提供体育保健康复咨询、体育书籍、体育健身器材等资源，而养老机构领导对其进行适度的宏观调控，这样既可以使资源配置科学化、规范化、合理化，又可以减少资源的浪费。归根结底，这一原则就是指以市场机制作为资源配置的基本手段，以老龄委、社区居委会等进行适度的宏观调控，使其最大限度地发挥社会效益和经济效益。[①]

### （二）养老机构体育资源配置的目标

第一，社会目标。构建社会主义和谐社会，就是要实现社会各成员、阶层、行业、群体、集团之间的相处融洽和协调，实现人与人之间的相互尊重、信任和帮助，实现人与人和谐共存的一个良性运行的环境。而老年人是我国人口的重要组成部分，是一大弱势群体。随着老龄化趋势的日益增强，如何统筹

---

① 宋玉梅，李晓天，李龙，等.小康社会我国城市社区体育资源配置的相关问题研究 [J].
北京体育大学学报，2006(6)：747—748，751.

人口老龄化与经济社会协调发展，成为一个重要问题。因此，养老机构在进行体育资源配置时，就应该以构建和谐社会、实现"健康老龄化"为目标。

第二，健康目标。健康目标是养老机构体育资源进行优化配置的根本出发点，它要求不仅要满足城市老年人身体健康的需要，还应该起到娱乐身心的作用，最大限度地让每一位老年人形成正确的体育锻炼方式和健康的心理，实现健康老龄化。

### （三）养老机构资源配置机制

资源配置机制是指对资源的数量、质量、结构、分布等方面进行调节和分配的机制，它包含了经济、政治、文化等多种机制。一般而言，资源配置机制是从经济角度来分析，包括人们常说的市场机制、计划机制以及市场和计划相结合的调节机制。古典经济学理论认为，作为经济人，人们往往是自私的。在自由经济条件下人们必然追求自身利益最大化，此时市场这只"看不见的手"发挥着有效配置经济资源的作用，能使得社会效益最大化。市场调节机制使得人们自发地参与市场经济资源配置。凯恩斯主义产生后改变了人们对于市场调节机制的看法，在凯恩斯主义者看来，单纯依靠市场配置资源的作用是有限的。市场调节是不科学的，政府必须采取行政手段进行干预。具体讲政府在市场调节作用有限时，政府通过财政政策、投资、货币管理等方式来干预经济发展方向，该调节机制就是政府干预机制。之后，马克思和恩格斯提出了资源的直接计划配置方式。然而计划配置方式具有滞后性并不能使得一国经济得到更好的调节，后来就和市场配置资源的方式并存。纵观历史尤其是世界经济发展史，没有一种资源配置方式是固定不变的。采取何种资源配置方式应当从实际情况出发，必须符合社会经济发展的不同阶段和不同领域的要求。我国养老机构发展的初期，其服务对象主要是针对城镇中"无劳动能力、无生活来源、无赡养人和抚养"的"三无老人"，和农村中"保吃、保穿、保住、保医、保葬"的五保老人等特殊老人，其配置方式是在政府计划指导下进行的，其经费来源也主要是靠政府的财政拨款。随着我国经济实力的增强，我国的社会福利事业不断发展，随着越来越多的社会力量参与到养老机构的建设中来，其服务对象也开始向普惠型转变，市场机制开始发挥着配置资源的作用。事实上，市场配置资源的方式和政府计划配置资源的方式并不总是矛盾的。在养老机构资源配置的中，既要坚持政府的主导地位及宏观调控，也要注重市场在养老机构资源配置中基础性的地位。市场主导，多方力量参与实现养老机构资源的优化配置，使得养老机构事业可持续发展。

### 三、养老机构完善的体育资源配置理论分析

养老机构管理范围一般包括生活照料、康复护理、精神慰藉和文体娱乐等，而在提供服务的同时，必要的配套设施和经营管理理念是前提。

#### （一）配套设施是养老机构体育事业良好运营的基础

场地设施是构成养老机构体育服务的重要物质基础，创设和利用良好的健身、文化娱乐设施并提供相应的定期维护和保养服务，是鼓励老年人进行健身活动的重要措施。体育场地设施服务可以分为硬件服务和软件服务两个方面。其中，体育场地设施硬件服务包括提供基本运动场地（室内与室外）、健身设施和辅助设施（康复保健护理）等。

基本设施服务强调设施的适用性和安全性，设施的适用性不仅包括物理学特征，还包括心理学要求。体育场地设施软件服务包括设施经营性质、设施经营策略等，要正确、有效地对体育设施及场地进行管理，保证其良好的运营。

#### （二）体育人才指导是养老机构体育事业可持续发展的重要因素

养老机构老年体育事业要顺利开展，就必须有大批掌握社会体育工作知识技能的人才到养老机构中工作。只有科学、安全、健康地健身，才能够获得良好的健身效果，所以，体育指导服务是养老机构老年人科学健身的前提。针对目前进入养老机构的体育人才屈指可数的情况，专家提出体育服务人员不仅可以是社会体育指导员，还可以是高校学生志愿者或是兼职人员等；而指导服务的内容也是多层面的，包括体育咨询服务、运动处方与医学监督、体育教学服务和运动技术服务等。

#### （三）资金支撑是养老机构老年人体育事业良性运转的重要保证

目前，我国养老机构的发展还不成熟、不全面，只有从根本上重视并鼓励其发展，才可以更好地解决老年问题，才能实现健康老龄化。除了政府制定相关政策来保证、扶持养老机构的发展。其中，任何一项事业的发展都离不开资金的支持，养老事业更是如此。老年群体是一个弱势群体，其需要的资源必须是质量可靠的，所以，政府应该鼓励多方资金的投入，实现资金多元化。这样不仅可以减轻政府的财政压力，还能使养老机构长期发展。鼓励社会各方，尤其是企业参与到投资中来；鼓励国内外机构和个人投资；鼓励社会各界力量的资助，扩大养老服务机构的资金总量，保证其有条件扩大服务规模、提高服务质量、改进服务项目，以更好的发展态势吸引更多的资金，形成一种良性循环。

### （四）经营管理理念在养老机构体育事业的发展中占主导作用

先进、有效的经营管理理念是一个企业良好发展的决定因素。老年体育要健康运行，长足发展，就得改变以往陈旧的管理理念，积极探讨新的、有效的经营管理方法，来保障广大的老年人公平地享有体育服务。

1.总体把握非营利性、公益性

（1）"回报的长期性"而非"短期的暴利行为"；如果只考虑资金回报，势必会制订超出现阶段老人实际消费水平的价格定位和盲目的降低成本（低成本运作带来的就是服务风险）；同时未把握非营利性、公益性，也会在社会资源开发和政府扶持方面受到制约。要在调查研究的基础上有机构的发展定位（全护理型？自理型？还是复合型？小型机构尽量不要复合型定位；把好入住关，特别是入住老人的评估工作，入住对象要与发展定位匹配）。

（2）经济效益与社会效益同等考虑，事实上社会效益与经济效益是同步增长、相互促进的。

2.给老人"家"的感觉

（1）是家非家。因为机构有专业化的照顾而家里没有；也不是医院（很多敬老院非常像医院），从设计、装饰、管理和服务都像医院。

（2）是家即家。老人是"住养"而非"治病"；老人与工作人员是亲人而非"医生与病人"的关系。

3.和谐机构理念——"多元化"的沟通

养老机构是社会公共服务的一个窗口，切忌"闭关办院"，要注重与政府、社会、老人、家属以及员工进行沟通。管理的核心也是"沟通"。

与政府的沟通：少谈困难，把政府落实的工作做实、做成亮点；积极支持行业协会的工作，多参与、多配合；勤走勤访勤交流。

与社会的沟通：充分利用机构的设施资源拓展服务，打开"院墙"办院。例如，现在政府大力拓展居家养老服务，开办临时寄养服务等；在开发社会资源的时候，注重运用"客户管理"的理念，不要觉得对方是应该的，应该帮助共建单位进行宣传，定期回访共建单位。

与老人的沟通：老人是"老小孩"，事情多但是也是最容易被感动的。一定要树立亲情服务的理念，特别是入住率比较低的机构，因为老人的口碑宣传比任何宣传途径都好，他们会帮助机构宣传，带来自己亲朋好友和邻居；发挥民主管理委员会的作用，不要走形式，多听他们的意见并积极反馈落实，同时利用他们的资源（例如香港的"轮值大使"模式），降低机构的成本。

与家属的沟通：平时注意与家属的沟通，在老人与院方产生矛盾的时候，家属也会考虑院方的难处；建立家属委员会，一方面让家属参与民主管理，另一方面也是开发社会资源的途径。

与员工的沟通：员工，特别是一线护理人员是直接服务老人的，他们的情绪直接影响到给老人的服务和与家属的沟通。

# 第二节　养老机构老年人体育服务实施现状

## 一、养老机构老年人体育服务实施现状

### （一）养老机构体育场地设施情况

体育场地是老年人参与体育锻炼的场所与载体，养老机构应将体育场地设施的建设和开发利用作为重要的工作内容，而增加养老机构体育场地的重点是增加老年人可用场地面积、功能，并提高场地使用率。体育器材是老年人参与体育锻炼的关键因素，老年人体育锻炼活动的内容与效率取决于提供体育器材的种类。

通过对各地区选取的多家养老机构进行调查得知，26%的老年人锻炼身体的场地是养老机构周围的空地，22%是利用政府提供的健身路径进行锻炼，还有少数老年人选择距离养老院相对较近的公园来锻炼身体。养老机构一般不会让老年人外出锻炼，一方面是因为老年人出去锻炼不安全，另一方面是因为没有专业锻炼人员指导，会降低老年人体育锻炼的效果。老年人一般趋向于在不收费或少收费的地方活动，由此反映出老年体育活动场地的不足以及老年人对收费性体育场所尚难以全面接受的心态。

据调查，全国部分地区养老机构室外的健身器材很少，大多数与体育健身广场上的器材差不多，种类少，设施陈旧，没有人定期检修，影响老年人的正常使用。全国部分地区公办养老机构少，但在体育设施上投放较多，虽然标准化、规范化程度高，但对老年人开放的比较少，适合老年人的器材也很少。大型民办养老机构管理力度大、注重服务质量、收费高等，在体育设施上比较健全；小型民办养老机构，领导不重视，体育器械缺乏，很难满足老年人对体育锻炼的需求。

### （二）养老机构体育活动组织情况

在调查中发现，有35%的养老机构是由养老机构组织体育活动，31%的养老机构是自发组织，社区老年体育协会组织和企业体育组织分别占了12%、22%。社区老年体育协会是协助养老机构组织体育活动的关键部门，是老年体育工作的发展者、老年体育活动的组织者、老年体育信息的宣传者等。据调查，只有少部分养老机构的体育活动的组织是由老年体育协会协助完成。无论是养老机构组织、社区老年体育协会组织，还是企业体育组织，在组织的过程中，组织者对场地的选择、设施的准备、活动时间的考虑、活动内容的确定等都需要事先了解之后才能作出决定。政府不仅要加大对养老机构体育服务经费投入，还需提高对养老机构体育活动组织的积极性。

### （三）养老机构体育活动内容情况

据笔者走访调查，大多数老年人选择慢走。慢走对于自理老年人而言，根本达不到锻炼的目的，半失能老年人选择棋牌的较多。在实地调查中，多家养老院有专门的乒乓球场地，即使在天气严寒的冬天，也阻挡不住老年人对体育娱乐的积极性，尽管是戴着手套在打球，但他们也有要一决高下的态度。多数养老机构开展的体育活动内容有太极拳、健身操等。

### （四）养老机构体育指导情况

据调查，96%的养老机构是没有指导员的，专业的体育指导员更是非常少。体育指导员是体育事业健康科学开展的重要原因，养老机构体育锻炼指导对老年人来说是非常有益的，包括对老年人体育活动的指导和对老年人身体锻炼的指导，可以使老年人掌握体育锻炼的方法，学会科学健身。在体育指导员配置上，公办养老机构比民办养老机构做得相对要好，因为民办养老机构没有政府资金的支持，盈利资金回收慢。同时，国家培训的体育指导员很多，但熟悉的培训项目一般是比较热门的体育项目，养老机构的体育指导员没有经过专业体育指导员的培训，缺乏指导经验。

### （五）各地区养老机构体育信息情况

根据调查研究，老年人获取信息的方式依次是电视（36%）、养老机构自己宣传信息（24%）、宣传标语（5%）、广播（7%）、报纸（8%）、讲座（9%）、其他（11%），说明养老机构老年人非常希望获得信息服务。在部分养老院，老年人通过相互读报纸的方式获取有关健身养生的知识，还有个别老年人自己带着收音机给其他老年人播放等。部分养老机构对老年人进行分类，这样在管理和宣传上具有针对性。由于老年人的文化层次不同，养老机构没有提供专门的阅读室，在信息化时代，老年人仅通过这些渠道获得信息满足不了他们的需求，而且难以获得健身养生知识。

## 二、养老机构老年人体育服务存在的问题

### （一）养老机构体育活动内容缺乏创新

老年人对晨练和参加比赛这样的活动，表现一般非常积极，机构的管理人员应根据老年人平时的锻炼爱好和身体状况进行分组，取长补短，择优培养。有的老年人虽然生活起居都在养老机构，但是也不会影响他们参与老年体育活动的积极性，社区老年体育协会应帮助养老机构的老年人参与社区的老年体育比赛。老年人参加比赛，成绩对于他们而言不重要，身体得到锻炼和愉悦心情才是他们参与比赛的重点。但多数养老机构体育活动内容单一，早晨只是组织老年人做一些简单的徒手健身操，不仅没有达到锻炼效果，还会减低老年人对体育健身的热情。在小型的机构中，老年人的活动场有限，所以，活动的方式也会受到限制。有的老年人喜欢慢走聊天，拍打身体的各个部位与关节，促进身体的血液循环，达到健康的目的，养老机构有时也会组织做一些简单的徒手操。

### （二）养老机构体育活动场地设施不足

近年来，各地区虽然对体育设施建设和老年体育的投入逐步增加，但随着人们生活质量越来越高，全民健身意识的增强，老年人对体育活动场地的要求也越来越高。尤其是养老机构的老年人，失能和半失能老人对于锻炼场地、器材的要求相对复杂一些。他们需要可以帮助他们康复锻炼的设备，室内外的场地、器材要求也不同。例如，上下肢脚踏车对老年人手部和脚部的力量康复训练有很大的帮助，双向扶梯阶梯有助于老年人下肢上下楼步行训练。养老机构在体育活动场地设施服务上，可以利用政府提供的场地设施来弥补老年人活动场地设施的短板。

### （三）养老机构老年体育组织薄弱

在实地问卷调查过程中，笔者发现老年人体育组织这方面的问题还是比较突出的。有部分机构注重体育活动的组织，有的小型养老机构忽略了这方面的工作，导致老年人的身体得不到更好的锻炼。养老机构老年体育服务在各地区虽有一定的规模，但大多数养老机构缺乏成熟的体育组织管理机制，养老机构体育活动组织服务能力亟待进一步加强。

### （四）养老机构缺乏体育技术指导

具有体育专业知识、技能和管理能力的专业社会体育指导员的欠缺，是如今多数养老机构不能满足老年体育需求的关键原因之一。许多老年人没有计划，没有目的，自己锻炼，没有接受科学的健身锻炼指导，因而造成运动损伤及产生其他疾病。在调查中有体育社会指导员的养老机构占少数，远远满足不了老年人对体育锻炼指导的需求。面对养老机构体育指导员短缺的问题，政府和社区养老机构在人才的培养和发展上需要有针对性。

### （五）养老机构老年人锻炼条件受到限制

老年人参加体育锻炼一方面是养老机构的硬件设施不够齐全，另一方面老年人自己对体育锻炼没有兴趣。对于家庭条件较好的老年人来说，体育锻炼一般不会受经济条件的限制，多数的老年人家庭条件一般，入住的养老机构在体育服务方面相对不够完善，体育锻炼也会受到限制；有的老年人想参加体育锻炼，但由于自身身体原因无法进行应有的体育锻炼；有些失能和半失能的老年人则因身体原因无法锻炼。对于老年人自身的问题，养老机构应该及时与老人沟通与交流，为这些老年人解决问题，让他们在养老机构中度过一个美好的晚年。

### （六）国家对养老机构缺乏体育服务标准规范

国家对养老机构场地建设标准、等级评定标准、收费标准等有具体的要求，但是对养老机构体育服务没有相关的标准和要求。为了能满足老年人日益增长的锻炼需求，国家应制定相应的标准，养老机构的体育场地设施、服务内容、指导人员、活动组织、体育信息等服务内容进行规定。已经建设好的养老机构在体育服务方面要进行完善，尽可能地达到国家标准要求，为老年人的体育健身提供一个良好的平台。

## 第三节　养老机构老年人体育服务实施的策略

### 一、加大养老机构体育场地设施建设

养老机构体育场地设施的健全是老年体育活动的一个重要条件，不同的使用目的，对体育器材的要求存在差别。根据养老机构建设床位数，决定体育场

地建设面积的大小，体育健身器材至少要达到国家标准。失能的老年人对体育场地设施的要求可能是一个简单的类似扶手的器材，以供他们保持平衡；上肢半失能的老年人对体育场地设施的要求是供他们能正常保持下肢运动的器材，如站姿勾脚、坐姿提踵（一个靠背健身椅）等，下肢失能的老年人对体育场地设施的要求是室内的棋牌室、搓绳、旱地划船、手指操等体育活动；自理老年人对体育场地器材的要求没有失能和半失能的老年人要求那么高，只要是安全且简单的体育设施就可以满足他们健身锻炼的需要，如健身步道、门球场地、乒乓球桌等活动场地设施。所以，养老机构应该积极满足不同人群对场地器材的不同需求，这样不仅有助于老年人体育活动的顺利开展，还有助于养老机构的发展。

## 二、增加养老机构体育活动内容的趣味性

养老机构在体育活动组织上，应该增加趣味性，在机构中选拔一些四肢健全、思维清晰、积极热情且愿意为养老机构服务的自理老年人，发挥这些人在养老机构中的作用，以社会指导员和志愿者为纽带，组成一个锻炼小组，把兴趣爱好相投的老年人组织起来进行体育锻炼。定期组织进行一些趣味比赛，让老年人能在比赛中获得体育锻炼的乐趣。每个体育项目应有两个负责人，一个人负责带头锻炼，一个人负责组织管理，这样一来机构中的老年人都能有序地锻炼。无论任何规模的养老机构，即便没有体育指导员和志愿者，这一方法也可以采用。

## 三、强化不同类型老年人体育服务内容的针对性

对身体状况不同的老年人提供不同的体育服务，对失能和半失能的老年人提供体育康复指导，对自理老年人提供体育锻炼指导。我们不能只关注自理老年人的体育服务，必须对这些不能完全自理的老年人给予正确的体育服务指导，如可以在养老机构中建立体育康复治疗室，加强专业人员的培训，为这些特殊的老年人提供一个良好的服务条件。对自理老年人提供多方面的服务，老年人可以通过不同的娱乐服务，结交新朋友，聊天解闷，活跃思维，保持一个良好的心态。长期的体育活动可以增强老年人的身体机能，延年益寿，因此，可以引导老年人参与体育活动。参加老年大学可以丰富他们的生活，学习一些新课程，可以增加他们的知识和阅历，如体育文化活动类的学习。在实地考察过程中，不少机构组织了一些志愿者和老年人一起参与的体育游戏，如"比划

猜字"，老年人的参与度特别高。面对养老机构体育服务不全面问题，养老机构应该不断创新，丰富体育服务内容，为老年人提供一个舒适的生活环境。

## 四、加大养老机构对社会体育指导员和志愿者的引入和培养

面对养老机构体育指导员供不应求的状况，养老机构应该加大对专业体育指导员的培训和引入力度。在调查中发现，普遍的养老机构没有配备体育指导员，社会机构或社区老年体育协会可以组织老年体育指导员人才的培训。针对这一现象，养老机构应该注重体育指导员的引入，可以留心观察参加培训的指导员，利用不同的手段留住人才，并用可观的报酬引进专业体育指导员。引入养老机构体育服务志愿者应该从两方面入手：一是引入体育部门志愿者，二是引入医疗部门的志愿者。充分利用社区以及机构内现有的公益性岗位，增加养老机构的专业医疗护理员，使之成为养老机构医疗服务人员来源。抓住机会，与体育院校合作，建立社会体育指导员实习基地，让学校的社会体育指导员在养老机构进行实习，这样不仅可以为大学生提供就业机会，还可以提高养老机构体育指导水平，为老年人科学健身奠定实践基础。

## 五、提供多渠道的体育信息服务方式

面对单一的体育信息服务方式，养老机构应该做到信息服务的及时性、科学性和有效性，不断拓展信息收集与传播渠道。养老机构应该多通过养老方面专家的讲座、养老机构的宣传标语等渠道，丰富老年人获取体育信息服务的方式。少量的老年人会用电脑和手机，可以通过公开课的方式，让老年人学习电脑的入门技术以及手机的一些日常通话功能、拍照功能、娱乐功能等，使用健身 APP、"一卡通"电子设备来开阔眼界，以树立正确的观念，更好地激发、调动养老机构老年人参与体育活动的热情，增加老年人获取体育信息服务的有效途径，提高老年人的生活幸福指数。

# 第五章　养老机构老年人体育健身研究

## 第一节　养老机构老年人参加体育健身的现状

### 一、参加体育健身活动的基本状况

据笔者调查，对《全民健身计划纲要》非常了解的老年人仅占调查总人数的 2%，比较了解的占 5%，对《全民健身计划纲要》一无所知的接近调查总人数的 70%。这些数据显示养老机构老年人对《全民健身计划纲要》的了解处在一个很低的水平。这说明大多数老年人对这一纲领性文件不重视，这就需要我们的政府、各级民政部门以及各种体育团队加大宣传力度，真正让老年人以及年轻人充分认识到体育健身的重要性，进而让终身体育的观念深入人心。

据了解，养老机构参加体育健身活动的老年人人数接近总人数的九成。对剩下的不参加体育健身活动的老年人进行调查得知，因身体较弱不宜参加体育活动的、没有体育设施和无人指导的而不参加体育健身活动的老年人占总体的 67%，这三方面的因素成为阻碍养老机构老年人参加体育健身活动的三大主要因素。没有体育健身技能的也占到了 10%，这说明没有健身技能也成了阻碍老年人健身的一个因素。体育健身活动能够增加老年人的体质，提高抵御疾病的能力。认为自己身体较弱不宜参加体育健身活动的老年人，其对于体育健身活动认识不足，走入了"活动容易受伤"的认识误区。其实，老年人参加的是体育健身活动而并非所谓的竞技性的活动，活动主要以健身为主，强度不会过大。在这方面政府相关部门应该做好体育健身活动的宣传工作，加大对公共体育设施的投入，特别是培养一定数量的体育指导员为老年人服务并传授体育健身技能和知识。

## 二、体育信息的获取情况

养老机构老年人中选择报纸和健康杂志的最多，占被调查总人数的 34%；其次是通过与其他老年人交流获取健身知识，占 21%；通过电视节目、收音广播获得健身知识的分别占 17% 和 15%；选择看书的人，仅占总人数的 5%；其他占 8%。通过访问调查，这些老年人主要是通过看报纸杂志和健身光盘来获取体育健身知识。选择电视节目和收音广播获得健身知识的占到 32%，但是因为老年人的听力下降，思维灵活性不比从前，而大多数的节目没有字幕，给老年人造成了极大的不便，建议有关健身方面的节目最好能有字幕，把播放的时间选择在晚饭过后，这对大多数老年人来说无疑是最好的时间段。能够保存的报纸杂志和光盘为老年人获得健身知识提供了方便。

## 三、参加体育健身活动的目的和动机

目的是人们通过活动所要达到的结果，而动机是驱使人们活动的内部原因。目的和动机常常是可以相互转化的，即目的也常常具有动机的功能。体育功能的多元化决定了人们参与体育活动的目的有所不同。"男性和女性在兴趣性、竞争性、体形性和社会性四种动机类型上存在显著的性别差异。男性在活动中更多地体验竞争和兴趣，并达到健身和社交的目的，女性参加活动的目的更多在于追求好的体形"。[①]

总体来看，在被调查的老年人中，男性和女性参加体育健身活动的目的和动机在选择上趋于一致。选择抵御疾病、闲暇娱乐和消磨时间是老年人参加体育健身活动的主要目的和动机。这主要是因为随着年龄的增加，机体运动能力下降，各种疾病伴随而来，因此，老年人希望通过体育健身来增强体质，达到抵御疾病的效果。入住养老机构的老年人空余时间比较多，没有太多困扰自己的事情，因此，闲暇娱乐和消磨时间也成了他们参加体育健身活动的主要目的。

## 四、参加体育健身活动的项目

据调查，老年男性喜欢参加的项目依次为长走与跑步，羽毛球、乒乓球和

---

① 余学锋，许小冬. 成年人参加运动活动的持久性及其影响因素 [J]. 北京体育大学学报，2002(5)：661—617，635.

门球；老年女性喜欢参加的项目依次为长走与跑步，健身操、体育舞蹈类，门球、乒乓球。其中选择长走与跑步的老年人居多，男女都有接近一半的人数。这主要是因为长走与跑步自身具有方便、几乎不受任何限制的优点，符合老年人的生活和生理特点。

## 五、参加体育健身活动的场所

不管处于哪个年龄段的老年人，选择在养老机构内进行体育健身的人数最多，特别是 75 岁以上的老年人有七成多选择在养老机构内进行体育健身活动。为了保障老年人的安全，许多养老机构大门定时开放，不允许老年人自由出入。所以，大多数老年人选择在养老机构内健身。这种近乎封闭式的管理只能且主要是面对最弱势群体，而对于文化层次较高的老人则毫无吸引力。所以，选择去经营性场所进行体育健身的老年人是最少的，不仅是因为养老机构的封闭式管理，而且去经营性场所的消费对他们来说也是一笔不小的开支。

## 六、养老机构及其附近场地设施的情况

在被调查的参与体育健身活动的老年人中，大多数老年人认为养老机构及周边的体育场地与设施不能满足基本的健身需要，其中 56% 的老年人认为有点缺乏，17% 的人认为非常缺乏；仅有少数人认为所在养老机构及周边的体育场地与设施基本能满足需要，占调查总人数的 20%。根据实地调查发现，目前养老机构大都配置了一些基本的体育健身器材，但多为露天的，健身器材数量和种类很少，不能满足老年人对于活动的需求，大大限制了老年人对于活动项目的选择，也大大削弱了老年人对于体育健身活动的兴趣。体育场地与设施是参与体育健身活动的物质保障，从整体上看，老年人的健身场地及设施还是比较缺乏的，亟须改善。走访的养老机构负责人表示，目前养老机构由于资金的原因还不能为老人提供更多的器材，场地也是目前很难解决的一个问题，主要是没有太多的场地；其次出于对老年人安全的考虑，老人外出的机会也很少，需要外出的必须有护理人员陪同，在人手方面也很短缺。

## 七、养老机构组织体育健身活动的情况

在接受调查的老年人中有 56% 的认为"很少组织"，选择"经常组织"的老年人仅占总人数的 7%，还有 4% 的老年人认为从未组织过。调查发现，多数养老机构为老年人组织的多为一些娱乐方面的活动，如集体看戏、看附近学校

的学生来院表演的一些节目等，而在健身方面的活动几乎没有。可见，老年人参与体育健身的组织化程度较低。养老机构、社区和老年体育行政部门对养老机构老年人参与体育健身活动的支持和保障是提高养老机构老年人参与体育健身组织化程度的重要途径。

# 第二节　养老机构老年人参加体育健身的建议

衰老是无法避免的，关键是如何延缓衰老的进程，提高生活的质量。健康老龄化的提出为我们指明了方向，健康老龄化是一个动态的过程，而科学的体育健身活动对保持老年人生理和心理有着无可替代的作用。养老机构作为老年人安享晚年的场所，其状况的好坏直接影响到老年人的生活质量，所以应该加强对养老机构的建设。而体育健身活动需要一个好的环境、一个好的氛围。所以，加强对养老机构硬件和软件的建设对于老年人的健身起着积极的作用。笔者根据调查结果、实地考察和参考一些文献资料，并结合中国目前的国情和自身的发展特点，借鉴国外办养老机构的先进经验，在此基础上提出了以下一些建议。

目前制约养老机构发展的关键因素是政府的政策和养老机构的运营机制问题，在这两方面政府应该起到带头作用，积极为养老机构的建设提供帮助和政策上的支持。另外，还要完善养老机构的管理制度。

## 一、发挥政府的主导作用，全面统筹和推进养老机构养老事业

首先，政府及相关部门制定养老机构养老事业的政策和发展规划，并将其纳入经济和社会发展的整体规划中，针对存在的突出问题进一步健全有关促进老龄事业发展的法律、法规、规章和政策，尽快建立完善的法规和制度体系。加大对养老机构的扶持力度，鼓励和引导社会力量投资兴办私人养老机构，创造公平竞争的社会环境，加快社会化改革步伐，推动中国养老机构养老事业与经济社会协调发展。其次，加强政府的主导作用，提高对养老机构的投资力度。各级政府部门及领导应该高度重视养老机构的发展，并保证每年在财政上给予支持，拨专款用于养老机构的发展和相关设施的建设。

## 二、营造市场运营机制，丰富资金筹集渠道

养老机构养老是一项社会事业，要全面构建社会广泛参与机制，增强养老

机构自筹、机构投资和社会捐助，实现多方位多层次的资金筹集方式。政府有关部门应带头兴办一些示范性的养老机构，鼓励企事业单位、社会团体和个人兴办养老机构，并在资金和政策上给予一定的扶持。同时应引进公平的竞争机制，按照"谁投资、谁经营、谁受益"的原则要求，大力推进投资主体、投资方式的多元化，使其成为自主经营、自负盈亏、自我发展的经济实体。还应该注重通过合资、合作等形式，引进外资发展养老机构养老事业，兴办不同经济成分和不同服务层次的养老机构。

## 三、加强养老机构管理

笔者在与养老机构管理人员的交谈中了解到，为了老年人的安全，不允许老年人自由出入养老机构，这在无形中就剥夺了老人的自由，其原因可能是养老机构人手不足，但是这种用自由换取安全的做法不值得提倡。管理者应该根据老年人的具体情况加以区别，对于那些身体健康和意识清醒的老年人每隔一段时间进行一次身体检查，在合格的基础上允许他们自由进出养老机构，身体和意识上存在一定疾病的老年人则需要有专门的人员陪护。

养老机构应实行院长负责制，设立院务管理委员会，工作要有计划、有安排、有记录，积极不断地完善各项规章制度，各层责任落实明确，实行院务公开，接受五保人员和社会人员的监督和检查。提高工作人员和老人的安全防范意识及应对突发事件的实际能力。在保障老人安全的前提下尽量多地给老人提供外出的机会，可以几个老人安排一个护理人员全程陪护。

## 四、加强基础设施建设

我国部分城市养老机构老人的受教育程度普遍偏低。未婚老年人和已婚但离异或丧偶的老年人加起来占到了总人数的90.4%，因自身健康问题或者子女工作繁忙无暇照顾的老人占到总人数的80%，86%的老人的费用靠子女支付。入住养老机构的老年人多数在身体上或多或少有一些疾病，而老年人参加体育健身活动的主要动机和目的是抵御疾病、增进健康、闲暇娱乐和消磨时间。身体上的退化以及所带来的心理方面的问题，都在困扰着老年人。老年人多数为单身，在感情上需要别人的关心，而体育健身活动为老年人提供了既可以健身又可以与其他老年人交流的平台，为他们健康的晚年生活提供了很大的帮助。

现在大多数养老机构的医疗卫生设施根本不能满足老年人的需要，同时老年人体弱需要参加一些必要的健身活动，这就离不开健身场地和器材，而现在多数养老机构在体育健身器材方面还是很匮乏的，他们面临着医疗卫生设施建设和体育健身设施建设的问题。

基础设施是养老机构的"硬件"，是推行养老机构养老服务的重要物质保障。当前养老机构的基础设施主要存在以下几方面问题：一是养老机构的场地和房舍的问题。老年人需要一个好的环境进行养老，因此，在场地和房舍上有一定的面积要求，这就需要政府相关部门在审批住宅等方面给予一定的优先和优惠，政府部门应该将其纳入当地的统一规划中。二是不能满足养老机构老年人的健身需要。政府应加强主导作用，各级政府部门及领导应高度重视养老机构的发展，提高对养老机构的投资力度。

## 五、培养老年人的体育意识

据笔者调查，有接近七成的老年人对《全民健身计划纲要》一无所知；只有极少数的老年人对《全民健身计划纲要》非常了解。这显示出部分城市养老机构老年人对《全民健身计划纲要》的了解尚处在一个较低的水平，需要政府及其相关部门加大对体育健身的宣传力度，为老年体育事业的发展提供良好的基础，以进一步增强老年人体育健身意识。

行动源于意识。只有让老年人先在意识层面上认识到体育健身的益处，才能逐步指导行动，参与体育健身，形成终生体育意识。政府及其相关部门通过加大对全民健身工作的宣传教育力度，普及体育健身知识，让体育走进老年人的生活，走进养老机构。老年人充分了解到体育健身对自己身体的重要性，就能从思想上重视，最终形成终生体育观念，进而让更多的老年人自觉、自愿、积极地投入到全民健身中来。

## 六、选择适宜的体育健身项目

在体育活动项目的选择上，最受老年人青睐的是长走与跑步，男女都有接近一半的人选择此项目。此外，老年人对于太极类、乒乓球、门球和健身操、体育舞蹈类也很感兴趣。

老年人在对体育健身项目的选择上，应以选择各个关节、各部分肌肉都能得到较好锻炼的运动项目为宜，如慢跑、快步走、游泳、太极拳等。太极类活动是老年人的首选，太极类的动作柔和、缓慢，对神经系统、心血管、呼吸系统、消化系统和新陈代谢过程有良好的作用。而老年人不宜参加一些需要憋气的健身活动（如举重、拔河等），主要是因为在憋气时心脏回血量和脑供血减少，可能发生头晕目眩，甚至会发生晕厥。憋气结束后，回血量的突然增加可能会引发脑血管意外。此外，老年人在进行体育健身活动时要避免过于快速、旋转或低头的动作。老年人在健身过程中要加强科学的医务监督，有条件的养老机构可以为每个参加体育健身活动的老年人开一个运动处方，同时老年人还要在长期的健身活动中学会自我监督、自我评价，在运动的时间、强度上加强自我控制。

老年人在选择健身内容时还要考虑到时间条件，如春秋两季适宜于大部分运动健身项目活动，可以进行郊游、登山等野外活动；夏季应避免在烈日下进行长时间的、运动强度大的健身项目，而游泳和划船较为合适；冬季最适宜时间较长、消耗能量较多的运动项目。而在一天之中，老年人在晨练时，可以选择步行、慢跑、简单体操和武术等健身项目，目的在于提高身体的兴奋性，促进新陈代谢，不宜从事运动量较大的项目。此外，老年人还要注意饭前半小时、中午、饭后一个半小时，可以选择一些娱乐休闲类的健身项目。

## 七、体育场地的选择

老年人在养老机构内健身的最多，其次如公园、街边、广场也是老年人经常进行健身活动的地方。相对于免费的活动场所，经营性健身场所几乎无人问津，这也说明老年人不愿花钱进行体育消费。大多数老年人认为养老机构及周边的体育场地与设施不能满足健身活动的需要，因此，老年人的健身场地、设施比较缺乏，亟待改善。

老年人在选择体育健身场地时，一定要选择适合自己的地点，如有的老年人由于身体的原因应该选择在相对比较安静和人员相对不拥挤的场所。每个老年人都需要根据自己的身体状况和喜好选择合适的场地。老年人还要本着阳光充足和空气清新的原则选择体育健身场地。公园和户外运动都是不错的选择，不仅简单易行，而且户外的风景也会令老年人的心情舒畅，对呼吸和神经系统都有不小的好处。此外，老年人在参加体育健身活动中，要养成自我监督的好习惯，并能长期坚持，经常参加体育健身活动能让身体保持在一个健康的水平。

## 八、加大对社会体育指导员的培养力度

人们在运动中难免会出现运动损伤，尤其是老年人，在运动机能衰减的情况下更易发生运动损伤，所以老年人在参加体育健身活动时要避免运动损伤的发生。只有科学、合理、有效的体育健身活动才能起到强健筋骨、抵御疾病、延缓衰老的功效，相反锻炼不科学、不合理则会导致运动过度、运动损伤等恶性事件的发生。而社会体育指导员则是养老机构老年人体育健身活动过程中的指导者、领航者。社会体育指导员在老年人体育健身活动中充当健身指导者和

活动组织者的角色，同时指导员还是场地设施的维护者。在落实《全民健身计划纲要》、增强全民的体育意识、指导群众科学健身等方面，社会体育指导员发挥着不可替代的重要作用。调查中，有 95% 的老人表示入住养老机构前没有自己固定的身体锻炼项目，更加不懂得怎样锻炼身体才更加适合自己的身体状况需要。养老机构很少组织健身活动，老年人缺乏运动健身方面的指导，他们也表示在体育健身方面需要社会体育指导员的帮助。

因此，各个养老机构应该聘请专业的体育指导员，给予养老机构老年人更加科学合理的体育健身方面的专业指导，提高养老机构老年人体育健身的质量，为更好地开展体育健身活动做好铺垫。只有科学的体育健身活动才能增进身体的健康，提高生命的质量，使老年人度过一个健康的晚年。而目前中国在老年体育管理和指导方面的指导员很缺乏，应该加大对社会体育指导员的培养，使老年体育向着更加合理、更加科学的方向发展。

### 九、提高护理人员的专业水平

老年人作为社会的最弱势群体，在护理方面要求有专业的或者经过专业培训的护理人员来照顾。而目前这方面的人员还是十分匮乏的，大多数护理人员来自农村或是下岗职工，他们在护理方面的知识还是相当不足的，根本达不到老年人所需服务的要求，因此，要切实加强养老服务的人员队伍建设，按照《养老护理员国家职业技能标准（试行）》，开展对养老机构服务组织从业人员的职业技能培训，逐步实行持证上岗。鼓励护理专业的毕业生参加养老服务工作；鼓励有条件的职业院校、教育培训机构开设养老服务相关专业，大力培养养老服务的专业人员，提高养老服务从业人员的职业道德和业务水平；鼓励卫生医疗机构在养老机构开设护理病房开展养老服务，使养老服务资源共享共用；广泛动员更多的热心人士加入为老服务行列，形成全社会尊老、爱老、为老的良好气氛。

## 第三节　养老机构老年人参加体育健身活动效果

### 一、塑造形体美

从古至今人们都执着地追求形体美，但是，由于人们所处的时代不同，文化程度、社会经历、职业、性别、年龄、民族等的差异，对什么是形体美却都有着各不相同的看法。形体美是健、力、美三者的结合与统一，它包含了生长发育健康而又完善的机体，发达有力的肌肉，优美的形体和健康向上的精神气质。

现在，越来越多的人认识到：体育运动不仅能增强体质，提高身心健康水平，而且能塑造形体，使人体形体美接近理想状态。现如今，形体美项目将结合全民健身计划，推广全民（形体美）及运动健身，塑造自身完美，让形体美走进百姓生活中，走向全国。我们要以优秀的体育形体为基础，以健康的运动体魄为动力，德、智、体综合发展，内外兼修，树立新时代的杰出榜样。

## 二、缓解精神压力，娱乐身心

随着时代的发展和社会的进步，人们在享受科学技术所带来的舒适生活和各种便利的同时，也受到了来自方方面面的精神压力。长期的精神压力不仅会引起各种心理疾患，而且许多躯体疾病也与精神压力有关，如高血压、心脏病、癌症等。体育运动可缓解精神压力、预防各种疾病的产生是科学研究已证实的事实。而健身操作为一项体育运动，以其动作优美、协调，锻炼身体全面协调，同时有节奏强烈的音乐伴奏而著称，是缓解精神压力的一剂良方。在轻松优美的健美操锻炼中，练习者的注意力从烦恼的事情上转移开，忘掉失意与压抑，尽情享受健美操运动所带来的欢乐，得到内心的安宁，从而缓解精神压力，使人具有更强的活力和最佳的心态。

## 三、促进社会交往

健美操锻炼增强了人们的社会交往。当前，人们参加健美操锻炼的方式是去健身房或公园广场，在健美操教练的带领和指导下集体练习，而参与健美操锻炼的人来自社会的各阶层。因此，这种形式扩大了人们的社会交往面，把人们从工作和家庭的单一环境中解脱出来，接触和认识更多的人，开阔眼界，从而为生活开辟了另一个天地，大家一起跳、一起锻炼，共同欢乐、互相鼓励，有些人因此成为终生的朋友。

## 四、医疗保健

健美操作为一项有氧运动，其特点是强度低、密度大，运动量可大可小，容易控制，因此除对健康的人具有良好的健身效果外，对一些病人、残疾人和老年人也是一种医疗保健的理想手段。例如，对下肢瘫痪的病人来说，可做地上健美操和水中健美操，以保持上体的功能，促进下肢功能的恢复。总之，只要控制好运动范围和运动量，健美操练习就能在预防损伤的基础上，达到医疗保健的目的。

# 第六章 养老机构老年人体育锻炼安全探析

## 第一节 养老机构老年人体育锻炼安全的理论基础

### 一、体育锻炼的界定

体育锻炼是指人们根据身体需要进行自我选择，运用各种体育手段，并结合自然力和卫生措施，以发展身体、增进健康、增强体质、调节精神、丰富文化生活和支配余暇时间为目的的体育活动。

体育锻炼是群众性体育活动的主要形式，对促进人体生长发育，培养健美体态，提高机体工作能力，消除疲劳，调节情感，防治疾病，益寿延年，乃至提高和改善整个民族体质，都有重要作用。其特点是群众面广，各种年龄、性别、职业和健康状况的人，都可根据个人情况进行适宜的锻炼。体育锻炼的形式与内容灵活多样，可独自锻炼，也可集体进行。锻炼的内容极其丰富，可分为健身运动、健美运动、娱乐性体育、格斗性体育、医疗与矫正体育等5类。锻炼方法多种多样，除教学和训练中常用的练习法（包括重复法、变换法、综合法、循环法和竞赛法）外，人们还在长期锻炼实践中，形成不拘一格的各种健身法（包括早操、工间操、生产操、库珀12分钟跑测验等）。锻炼内容和方法的确定及整个锻炼过程，都应遵循身体锻炼的原则，即有针对性、因人制宜、循序渐进、持之以恒、适宜的负荷和注意锻炼价值等。此外，如能同时运用形神结合、动静结合和内外结合等中国传统练身方法，收效更大。

## 二、体育锻炼安全的界定

体育是一种复杂的社会文化现象，它以身体与智力活动为基本手段，根据人体生长发育、技能形成和机能提高等规律，达到促进全面发育、提高身体素质与全面教育水平、增强体质与提高运动能力、改善生活方式与提高生活质量的一种有意识、有目的、有组织的社会活动。随着国际交往的扩大，体育事业发展的规模和水平已成为衡量一个国家、社会发展进步的一项重要标志和国家间外交及文化交流的重要手段。体育可分为大众体育、专业体育、学校体育等种类，包括体育文化、体育教育、体育活动、体育竞赛、体育设施、体育组织、体育科学技术等诸多要素。

"体育"一词在含义上有一个演化过程。它刚传入我国时，是指身体的教育，作为教育的一部分出现，是一种与维持和发展身体的各种活动有关联的一种教育过程，与国际上理解的"体育"（Physical Education）是一致的。随着社会的进步和体育事业的不断发展，其目的和内容都大大超出了原来"体育"的范畴，体育的概念也出现了"广义"与"狭义"解释。广义的体育一般是指体育运动，其中包括体育教育、竞技运动和身体锻炼三方面；狭义的体育一般是指体育教育。不少学者对"体育"的概念提出了一些解释，但比较趋于一致的解释为："体育是以身体活动为媒介，以谋求个体身心健康、全面发展为直接目的，并以培养完善的社会公民为终极目标的一种社会文化现象或教育过程"。体育的这一定义既说明了它的本质属性，又指出了它的归属范畴，同时也把自身从与其邻近或相似的社会现象中区别出来。但是，体育的概念并非是一成不变的，随着社会的发展和进步，人们对体育的认识也将有所发展。

关于安全的解释，从古至今，不同学者、不同出处的解释不尽相同。《汉语大词典》对"安全"的解释，一是平安、无危险；二是保护、保全。而《牛津词典》的解释为：不存在危险和风险的状态。希腊解释为"完整"的意思，梵语为"没有受伤"的意思。研究《系统安全工程学》的陈喜山认为，世上没有绝对的安全，安全是一种很小的、没有超过一定限度的危险。而研究安全学的专家林柏泉在《安全学原理》一书中提到，安全通常是指各种事物对人不产生危害、不导致危险、不造成损失、不发生事故、运行正常、进展顺利的状态。体育锻炼安全是体育安全的下位概念，主要指以身体健康为目的的身体活动中的安全，区别于其他体育形式的安全，如竞技体育安全。

结合本研究，笔者将"体育锻炼安全"理解为：主要发生时间段为体育锻炼前、体育锻炼后、体育锻炼中，以身体活动为主，以增进健康、愉悦身心为目的的活动过程，不受伤、不造成损失、不发生事故、顺利进展的过程。

### 三、体育安全事故的界定

关于体育安全事故的界定，目前各学者众说纷纭，莫衷一是，尚无一个比较准确、统一的界定。安全一词在《辞海》中的解释是安定的状态或与危险相反。在安全科学上，事故是指个人或团体在为实现某种目的而进行的活动中，突然发生的违反人的意志的、迫使活动暂时或永久性停止的事件。廖小梅认为，体育安全事故是指由于个人或团体等各种原因所导致的受伤或引起突发性疾病及其财产和心理受到损害的事件[①]。

鉴于以上研究，本书将养老机构老年人体育安全事故界定为养老机构老年人在养老机构组织的体育活动中，或自发进行的体育锻炼中，由于多方原因导致的组织破坏和心理受到损害的事件。

# 第二节　影响养老机构老年人体育锻炼安全的因素

早在 20 世纪 60 年代末，日本学者就首次提出了"轨迹交叉理论"，并构建了系列模型图，其主要思想为：事故的发生不是由一个因素导致的，而是由一系列相关联的事物互相影响发展的结果，即事物是由人的因素和物的因素在按照各自的轨迹在一定的时间、空间下发生了接触联系（交叉），当管理出现缺陷时，伤害事故就会发生[②]。基于此，养老机构老年人体育锻炼中人、物、管理的因素都可能造成体育安全事故，并且三个因素之间相互关联，相互影响，如图 6-1 所示：

---

① 廖小梅. 桂林市中学学校体育教学安全现状调查与研究 [D]. 桂林：广西师范大学，2009：32.

② 覃容，彭冬芝. 事故致因理论探讨 [J]. 华北科技学院学报，2005(3)：1—10.

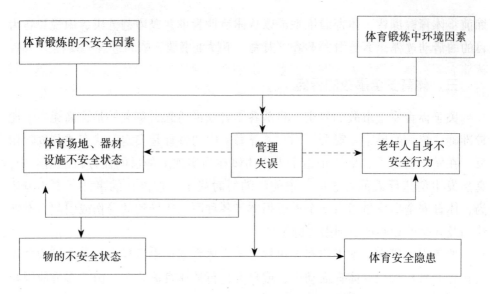

图 6-1　影响老年人体育锻炼的安全因素

其体育安全事故主要是由人、物、环境三个不同系统的因素造成的，每个因素又有隐藏的错综复杂的子因素。在体育锻炼中，当人、物环境在诱发的隐患中积累到一定程度，就会发生老年人体育安全事故。

## 一、影响养老机构老年人体育锻炼安全的人的因素

人的因素是指老年人体育锻炼中，由于个人原因如身体状况不佳、技术动作错误、安全知识、防护措施的缺乏或体育指导员的缺乏与责任缺失，及其他不适行为而引发的安全事故。

本书通过文献的查阅、访谈过程、实地观察和问卷的结果，进行详细的数据分析整理、归纳总结，得出影响养老机构老年人体育锻炼安全的主要因素有：老年人安全认知的影响、体育安全知识与应急措施的影响、自身身体健康状况的影响、参加体育锻炼项目的选择、老年人运动心理以及体育指导员对老年人的组织指导的影响等。

### （一）老年人安全意识对体育锻炼安全的影响

体育安全中的安全意识是指进行体育活动的过程中，安全保障和可预测性的物理安全，是有意识的考虑现象的认识，即为防止意外损伤进行的思考[①]。学者胡一本指出，"安全意识包括人的伦理道德观念，既包含人的认知方式和认

---

① 游伟民，陈可林. 浅谈学校体育安全事故的预防 [J]. 大众科技，2008(10)：180—181.

知水平，也包含人的行为习惯"①。安全是生命的保障，马克思主义哲学观认为意识具有能动作用，是人们能动地认识客观世界，在认识的指导下能动地改造客观世界。

老年人年龄多在 60 岁以上，其生理机能及其形态结构等方面发生了一系列退行性变化，各个器官和系统的功能都随年龄的增长而衰退。主要表现在体力减弱以及感知觉、反应能力、灵敏性、柔韧等身体素质的下降与运动系统如骨骼肌、关节的灵敏、柔韧性降低。通过访谈，调查分析发现老年人的体育安全意识不足是导致安全问题的主要原因，部分老年人好奇心强，好胜心强，并没有认识到有些项目不能做，如篮球等同场对抗性的体育项目本身存在一定的危险，需要一定的体力、耐力、较强的身体素质才能应对。通过调查发现，老年人的体育安全防范意识普遍较差，只有 1.8% 的老年人认为自己体育安全认知非常好，而 32.73% 的老年人认为自己体育安全防范意识弱，15.0% 的管理人员认为老年人的安全意识非常弱；有 8.25% 的老年人认为个人的体育安全意识非常弱，认为自己安全意识非常强的老年人仅占 2.84%。

**（二）老年人掌握体育锻炼安全知识与应急措施对体育锻炼安全的影响**

据调查，老年人的体育技能和知识缺乏表现为：自我保护意识不足、缺乏相应的运动安全知识。缺乏安全知识和应急措施是造成安全事故发生的主要原因。体育安全知识包括体育锻炼中运动伤害急救与预防的知识以及场地器械的安全使用知识等。

通过对部分城市养老机构老年人锻炼安全知识与防护措施的调查，结果表明，有 42.53% 的老年人认为其自我保护意识一般。究其原因，其一是由于老年人缺乏体育运动损伤预防和不重视处理方面的知识。其二是养老机构未提高警惕，并未讲授体育运动伤害方面的预防措施；或是未将体育安全策略的方法落实到处，导致问题发生时不知所措。

通过调查发现，老年人体育锻炼的安全知识与防范措施获取途径主要有以下几种方式。如图 6-2 所示：

---

① 胡一本. 事故预防心理学 [M]. 北京：人民教育出版社，1999：78.

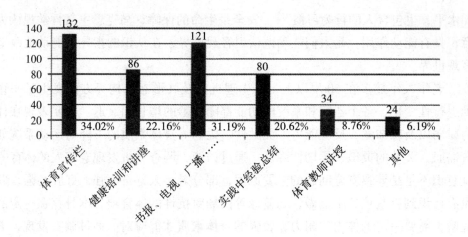

**图6-2 养老机构老年人体育安全知识获取途径**

由图6-2可知：养老机构老年人体育安全知识获取途径最多的是通过体育宣传栏，占34.02%，其次是书报、电视、广播网络，其中较少的通过体育教师的讲授，仅占8.76%。究其原因可能是随着社会的发展，电子媒体的推广，人们通过网络媒体的途径较方便快捷，而专门通过体育老师的教授则较难。

### （三）老年人的身体健康状况对体育锻炼安全的影响

身体健康状况指一个人在身体、精神和社会等方面都处于良好的状态。世界卫生组织提出"健康不仅是躯体没有疾病，还要具备心理健康、社会适应良好和道德良好"。此定义从生理学、心理学和社会学上阐述了健康的含义，主要包含三方面内容：躯体健康、心理健康、社会适应能力良好。体育锻炼是建立在身体健康良好的基础之上的，良好的身体健康情况是体育安全的保障。

身体素质包括力量、耐力、速度、灵敏性和柔韧度等。在调查和访谈过程中发现，老年人在年轻时由于工作繁忙没有时间参加体育锻炼，或很少、不经常参加锻炼，导致身体素质逐年下降，身体状况逐渐变差。

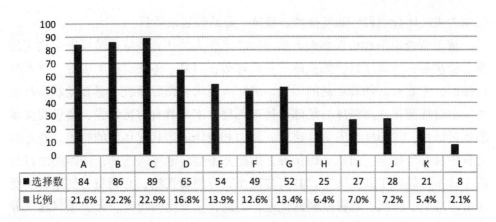

图6-3　养老机构老年人发生体育安全的主要原因

注：A.体育场地不足，空间狭小；B.器材设施太老，部分损坏，没有及时维修；C.自我安全意识不够，出现状况，不知怎么去应对；D.自身身体素质差；E.身体状况不佳，有疾病造成伤害事故；F.天气不好造成的伤害事故；G.团体组织的活动难度系数大，造成体育伤害；H.体育制度不健全、器材设施管理不善；I.相关领导对体育安全的重视程度不够；J.安全知识、技能缺乏；K.未做准备活动；L.其他

　　图6-3为养老机构老年人发生体育安全的主要原因，由此可知，有13.9%的老年人认为健康状况直接影响体育安全。老年人在参加体育锻炼之前是否了解自身健康状况直接关系到体育安全的结果。通过对养老机构管理人员的访谈也得出类似结论。

　　在调查中发现，虽然大部分老年人愿意将自身情况告知养老机构管理人员，但仍然有一部分老年人碍于面子或其他因素，没有主动告知养老机构个人身体健康情况，从而产生了一些不必要的体育安全事故。即使养老机构体育指导员在锻炼前主动询问，也有个别老年人没有主动告知自己的身体状况。

### （四）老年人体育项目选择对体育锻炼安全的影响

　　体育项目选择是参与体育锻炼的一个重要条件。历史的长河中出现了许多不同的运动项目，任何运动项目都有其不同的锻炼目的、锻炼方法、规则、强度等，体育项目由最适宜人群选择，不同年龄的人可以根据自己的身体状况、实际情况来选择最适合自己的体育项目，如青少年可以选择篮球、足球、羽毛球等中强度的项目，老年人可以选择广场舞、太极拳、有氧操等低强度的有氧运动。对养老机构老年人的锻炼观察发现，老年人在选择体育项目上，主要有以有氧代谢为主的体育项目，如太极拳、有氧操、广场舞、慢跑等；有以无氧代谢为主的体育项目，如气排球、篮球、足球等运动项目。

通过调查结果和访谈相关人员可知，老年人的体育锻炼中造成安全伤害的项目依次是：球类项目，如篮球、乒乓球等；刀剑、体操器械类项目。笔者分析原因，主要有：随着年龄的增长，老年人运动骨骼肌系统、感知觉状态都发生了退行性变化，而篮球、足球、排球等项目本身具有对抗性强、要求身体素质如灵敏性、柔韧度、力量、速度、耐力和身体健康状况良好的特点，在运动过程中易发生摔伤、扭伤、擦伤等，因此并不适合老年人选择；走跑类项目起源于日本，风行于欧美国家，具有强度小，方便易实施，有利身心健康，不受年龄、性别、时间、器材限制的优点，因此，从安全的角度，此类项目深受养老机构老年人体育锻炼者的青睐。

### （五）老年人的运动心理对体育锻炼安全的影响

学者哈笛与法基在研究运动心理学中提出了激变模型——对生理唤醒、认知焦虑、任务难度、自信心和操作成绩之间的复杂关系。该理论提到，当认知焦虑较低时，操作成绩与生理唤醒的关系类似平滑的倒 U 曲线。通过对养老机构老年人体育锻炼时心理因素对体育安全的影响调查发现，积极乐观的心理有利于运动技能的正常发挥。调查显示，有部分老年人在刚开始接触某一运动项目时易出现焦虑、自卑、抵触等不安全的心理。老年人在刚接触某一运动项目时，出现紧张害怕的心理是正常的，关键在于自己是否能够及时消除不良心理暗示，给予自己积极的鼓励。在体育锻炼时过分紧张和恐惧，易造成技术动作的僵硬与不协调，极易造成身体伤害事故。

### （六）体育指导员的组织、指导对体育锻炼安全的影响

老年人体育锻炼的安全因素不仅受自身因素的影响，同时也受他人的影响。如体育锻炼中有无体育指导员指导，指导员个人的安全知识体系是否完善，对老年人的体育指导态度是否认真负责等。

通过调查，我国大部分城市养老机构老年人体育指导员相对不足，很多老年人在体育锻炼中并未得到体育指导员的指导，其参加群体有组织的体育活动时，偶尔会有体育指导员指导。但调查结果显示，体育指导员在老年人体育锻炼中发挥的重要性不可忽视。

体育指导员的指导情况对养老机构老年人体育锻炼安全的影响不容小觑，尤其是群体组织的体育锻炼形式。老年人本身属于易发生安全问题的群体，一方面目前社会体育指导员作为职业来对待人的比较少，大多属于业余或无偿自主服务，以至于相对缺乏职业道德素质的认知，没有以认真专业的态度和职业

素养体现对老年人服务的热情；另一方面也反映出大众对社会体育指导员的认可程度不高，导致社会体育指导员的社会责任感较弱，追求公民义务的动机不足，这也反映到指导员在职业精神的认识中，对"责任"这种职业精神的认识不足。

## 二、影响养老机构老年人体育锻炼安全的物的因素

影响养老机构老年人体育安全的物的因素主要有养老机构的场地器材等硬件设施，养老机构附近的自然环境和人文环境等。

### （一）场地器材对养老机构老年人体育锻炼安全的影响

体育场地和器材设施是老年人体育锻炼的物质基础，是保证老年人体育锻炼顺利进行的必备硬件设施，是人们实现安全锻炼的载体。近年来，随着全民健身计划纲要的实施，锻炼人群越来越多，调查结果显示：养老机构内健身器材较小，这些健身器材大多简单易操作，但很大一部分老年人表示因健身器材供不应求，没有机会使用。因场地器材、设施场馆问题而导致的体育安全事故的发生占主要因素，养老机构的场地器材由于经费问题，得不到定期维护和改善，体育器材随时间的推移经受风吹日晒，部分器材已经老化，在这样的场地器材下锻炼，老年人体育锻炼安全事故发生的概率就会大大增加。体育器材的健全是养老机构老年人体育锻炼的物质保障，体育器材的投入并不是一次性的，需要相关人员及政府的定期检测完善。

### （二）自然环境对老年人体育锻炼安全的影响

自然环境是由全部自然的、物质的背景组成。它包括资源条件、地理条件、地质条件和气候条件等，是人类赖以生存的条件之一，是围绕人类周围各种自然因素的总称，如大气、水、动植物、太阳辐射等，是人类生存发展的物质基础。我国地域辽阔，无论是经济发展水平还是生活习惯，都受自然环境的影响。体育锻炼安全不仅受锻炼者自身身体素质的影响，还受自然环境等因素的影响。体育安全与自然环境密切相关。夏季气温高，进行体育户外锻炼容易出汗，人体容易丧失大量水分和矿物质，如钾、钠、钙、镁等，若不及时补充易出现脱水现象。如在炎热的环境中进行体育锻炼项目，老年人的无氧代谢的能量供应相对增加，血液和组织中的乳酸堆积增加，易造成机体酸化疲劳；相反，冬季进行户外锻炼，机体要消耗更多的能量来维持正常体温，此时可能产生寒战和不适应造成动作技能的非正常发挥，使老年人偏离动作，易发生体育安全伤害事故。通过对养老机构的观察与访谈发现，自然环境，如阴雨天或大

风天气会对老年人的体育锻炼安全产生重要影响。在恶劣的天气下进行体育锻炼，易发生一些无法预料的体育伤害事故。比如，雨后天气地面湿滑，此时进行体育活动易摔伤滑倒，而老年人由于骨骼肌系统脆弱，一旦摔倒将造成严重的体育伤害事故。

### （三）人文环境对养老机构老年人体育锻炼安全的影响

人文环境的凝聚力和向心力，有助于积极、健康向上的体育精神的形成。有利于养老机构老年人在此环境中建立团结、友爱、互帮互助的群体关系，从而形成共同追求[1]。体育锻炼的社会人文环境因素主要通过社会物质、意识两条途径表现。从社会物质条件看，经济、科技、文化的发达程度是影响体育运动赖以发展的必需物质条件；从社会意识来看，人类生活的特定历史阶段，总会形成该阶段的一定的不同的或对立的体育观。错误的体育观可导致体育运动的停滞或畸形发展，而正确的体育观能为体育运动的发展制定正确的战略、方针和政策[2]。

养老机构的人文环境的影响主要体现在养老机构的体育锻炼氛围和管理人员组织情况。体育场地器材设施缺少，而锻炼的老年人多，导致体育健身设施紧缺，供不应求，难以协调配置，导致人文环境不良。在对养老机构的实地调查中发现，运动场地和健身设施短缺，往往会造成老年人锻炼的拥堵，有时会发生体育锻炼过程中的冲突，而一个体育指导员往往要指导很多老年人锻炼，难以保证每个老年人的安全问题和全面指导。在个人自发进行体育活动时，由于指导员的短缺和专业性不强，不能给老年人科学的技能指导和必要的安全保护，基本是老年人自行锻炼。

在人文环境中，对老年人体育锻炼影响最大的是人工体育场馆的建筑状况，如因社会文化造成的场馆周围的环境污染——空气污染、噪声污染等是否得到了养老机构的重视和改善。好的养老机构的人文环境，不仅会影响老年人体育的认识、安全预防的意识，还影响老年人对体育认知情感的发展，影响其体育观、强身健体的锻炼意志以及良好的体育行为和锻炼习惯。良好的人文环境能够促进养老机构老年人体育知识的获得，正确的锻炼意识、情感意志的培养等对"终身体育"的发展观具有很大的促进作用。

---

① 王苗，石岩. 小学生体育活动风险识别、评估与应对 [J]. 天津体育学院学报，2011(1)：68—73.

② 翁锡全. 试论体育运动与环境的辩证关系 [J]. 广州体育学院学报，1992(2)：39—43，53.

## 三、影响养老机构老年人体育锻炼安全的管理因素

JM Stewart 于 2001 年首次提了"现代事故致因链"理论，该理论主要观点如下：事故的发生存在"管理漏洞"，管理漏洞主要由"直线部门、负责安全员工参与和培训、综合安全体系、安全专业组织及专业人员"四方面的管理人员组成。事故交叉理论也表明，管理不当是引发人的不安全因素和物的不安全因素的罪魁祸首。养老机构的管理是诱发体育安全的又一因素，加之现有的体育政策缺乏对公办养老机构的风险考虑，在管理方面没有明确的规定，没有制定和出台专门的养老机构管理法规政策，没有具体的场馆管理条文和实施方案，就很容易引发安全事故。养老机构在风险管理制度的建设方面相对不足，主要有以下几个问题：①管理制度不够严格，缺乏政策上的理论与实践的支持；②养老机构的场馆设施缺乏管理人员的定期维护更新，社会政府缺乏对维护器材的资金投入导致器材等得不到有效改善。

### （一）管理制度、措施对老年人的体育锻炼安全的影响

养老机构体育管理工作的完善程度直接影响了养老机构老年人体育锻炼安全的结果。安全管理制度是养老机构老年人体育安全保障的前提，是进行老年人体育锻炼和管理人员组织体育活动的必备因素之一。健全的管理制度是顺利进行体育锻炼的保障之一，也是降低体育安全事故概率发生的有效途径。据调查，部分养老机构安全制度不健全，部分的养老机构没有相关的安全制度，如《体育安全标准》《体育器材使用制度》《定期检查体育器材制度》等。在安全事故的处理上，养老机构的领导对体育不够重视，体育存在安全管理制度不完善、安全管理不够严格的现象。其结果就是容易造成老年人在体育锻炼中的安全隐患甚至伤害事故。基于此，养老机构在体育场馆器材的管理制度上还存在较大的漏洞，需要建立完善的安全管理机制。

### （二）管理文化、安全教育、技能培训对老年人体育锻炼安全的影响

管理学理论认为管理文化是事物正常运作、安全实施发展的灵魂。管理文化是指将一个组织的全体人员结合在一起的行为标准和方式，它不仅代表组织的目标、信念，还代表了一定的价值观及哲学伦理，是实现管理活动中最核心、最本质的成分。管理和文化相互依存并进，文化是管理活动的客观基础，是管理主体的精神之魄，管理又对文化发展起很大的推动作用。科学管理的方法之一就是提高人的素质，从意识水平上调动人的安全思想，安全

管理方针提出"安全第一，预防为主"，是一切行为活动和各项安全政策、制度和安全法规的基本方针。《全国城市体育先进社区标准》第一条规定就是领导班子对体育的重视是开展体育工作的重要前提，可见"领导重视"对体育健身的重要作用[①]。鉴于此，笔者对管理者的重视程度进行了调查，发现57%的老年人认为领导不重视养老机构的问题，在对管理人员的安全教育和老年人体育安全教育、技能的培训上少之甚少，安全教育宣传力度不够，没有从思想上引起老年人的体育安全意识，在锻炼活动中，出现安全问题时无法有效解决。

### （三）医务监督、卫生保健制度对老年人体育锻炼安全的影响

养老机构老年人体育锻炼过程中难以避免地会出现体育运动损伤的情况，但据调查显示，部分养老机构医务、卫生监督力度却明显不够。医务监督的重点是体育卫生健康教育宣传工作，从而使老年人主动参与医务监督，做好安全防范措施。经国务院批准出台的《关于推进医疗卫生与养老服务相结合的指导意见》中提到，老年人的医疗卫生服务需求与健康养老服务需求日益强烈。目前，有限的医疗卫生和养老服务资源以及彼此相对独立的服务体系远远不能满足老年人的需求，因此，亟须为老年人提供医疗卫生与养老相结合的服务[②]。基于此，良好的医疗保健卫生和医务监督是促进老年人体育锻炼的有利条件，也是减少体育锻炼安全事故的必要条件。医务监督内容应包括老年人的营养监督、运动处方监督、运动损伤的医务监督，如平衡膳食的三大营养素，水、维生素、矿物质应在体育锻炼的哪个阶段及时补充等。另外，定期开展体育卫生的健康宣传教育与卫生知识也是医务监督的一个有效环节。

### （四）事故应急管理制度对老年人体育锻炼安全的影响

安全管理工程学原理指出"设立意外伤害事件的应急管理机制"，并进一步明确"安全管理制度、明确责任，完善安全措施"。做好预防管理措施，做好应急预案，是管理运作过程中的必备机制。有效的预防措施及应对策略是减少老年人体育伤害事故发生的有效条件。

---

① 林昭荣，吴飞.城区中老年人体育健身现状研究 [J].体育科学，2004(3)：165—169.

② 国务院.国务院发布《关于促进健康服务业发展的若干意见》[J].中国信息界（e医疗），2013(11)：10.

# 第三节　养老机构老年人体育锻炼安全防范的对策

安全事故工程学提"四 E"干预理论，即教育干预（Educational Intervention）、工程干预（Engineering Intervention）、强制干预（Enfoucement Intervention）、经济干预（Eonomic Intervention），分别从个人、国家、政府、社会四个层面上提出了伤害事故预防措施，来减少事故的发生和危险[①]。养老机构作为老龄化时代缓解社会养老压力的服务性机构，由于政策和社会各方面的原因，在人、物、管理等方面尚不完善，还存在很多漏洞。为了减少养老机构老年人体育锻炼安全事故的发生，保障老年人健康生活，笔者借助"四 E"干预理论，认为在解决养老机构体育锻炼安全问题上应积极采取行之有效的措施，使老年人在生理、心理上享受健康锻炼的快乐，使老年人"老有所依，老有所安"。基于此，笔者对加强老年人体育锻炼安全提出以下对策。

## 一、从人的视角

学者隋鹏程等在《安全原理》中提到了新多米诺骨牌理论，该理论指出安全管理的核心是预防人为的不安全因素。"在意外事件及伤害发生前，一切工作应以减少环境内机械的危害及人为的不安全动作为原则"[②]。海因里希法则由著名的美国安全工程师提出，此法则也告诫人们"安全事故发生经历了多个环节，环环相扣，要消除重大伤亡事故，必须从根本上消除轻微事故的隐患"。基于此，通过安全教育培训让养老机构老年人在体育锻炼中树立安全意识，形成防微杜渐的思想意识，加强个人身体素质，科学锻炼身体，从而减少体育安全事故的发生。

### （一）增强安全意识、提高体育锻炼安全防范能力

意识具有能动作用，意识是行为的指南针，安全意识是人脑对生活、生产等活动中安全思想的"再现"，是对客观行为现实的反映。本研究调查中，认为加强安全教育、提高安全意识是预防养老机构老年人体育锻炼安全事故有效措施的人占 73.84%。只有让老年人从意识上认识到安全对体育健身的重要性，

---

① 王岩. 我国学校体育伤害事故致因模型及其预防 [D]. 北京：北京体育大学，2011：19.

② 隋鹏程，陈宝智，隋旭. 安全原理 [M]. 北京：化学工业出版社，2005：73.

才能让更多的老年人自觉提高安全锻炼意识、积极有目标地投入到全民健身的热潮中。基于此，养老机构应加强对"安全健身"的宣传教育工作，利用网络媒体宣传和普及安全知识，增强安全意识，提高老年人的安全防范意识，让更多的老年人体验到安全健身的重要性，让"终身体育，安全健身"的思想深入脑海。基于此，笔者从以下几个方面提出"加强安全意识"的建议：

（1）目前部分养老机构还没有开设体育安全教育课，仅仅通过媒体宣传体育安全教育，但有的老年人并不擅长使用网络媒体、通信工具等。为了避免此问题，就需要增设安全教育宣传课程和法律讲堂，派专业人员为老年人讲授体育锻炼安全知识。

（2）定期增设文化宣传栏里有关体育锻炼安全的文化活动和预防机制，并用醒目的安全标语提醒老年人时刻谨记"安全第一"。

（3）为每一个老年人订阅体育锻炼和安全事故预防机制的报纸。

### （二）提高个人身体素质，科学体育锻炼

身体素质是参与一切体育锻炼的基础，好的身体素质可以减少体育锻炼的伤害事故。老年人由于其自身生理特征的退行性变化，易发生体育安全伤害。哲学观认为任何事物不是绝对不变的，具有相对性，应辩证统一地看待问题。同样，体育健身也不例外，科学、合理、有效的体育锻炼能让人强身筋骨、抵御疾病、延缓衰老。但如果锻炼不科学、不合理则会导致运动损伤、体育安全问题、伤害事故等。例如，由于过度运动而导致的运动猝死、不进行热身活动或热身不充分导致的肌肉拉伤等事件屡见不鲜。因此，老年人在体育锻炼中，应根据个人情况合理选择体育项目，如健身走、有氧韵律操、太极拳等。老年人应减少憋气用力，因为憋气会加重肺功能的负担，也会造成心脏功能的负担，引起气短、胸闷等症状。因此，老年人也不宜参加举重、拔河等运动项目。另外，需要认清体育项目重在参与，老年人应量力而行，适可而止。基于此，应提高个人身体素质，树立"安全第一"的思想，从思想上提高强身健体的意识，认识到体育锻炼带来的好处；积极认真学习体育安全的知识，要坚持锻炼，不应"三天打鱼，两天晒网"，团体组织体育锻炼时要严格按照体育指导员的要求进行活动。

### （三）科学选择体育项目

从不同体育项目选择对老年人体育安全影响的研究发现，老年人应选择适合自身健康的项目，以避免在体育锻炼中的运动损伤。因此，可开发民族传统体育项目，使民族传统体育走进老年人的世界。可以选择低强度、易掌握、安

全性高的有氧运动，如太极拳、健身走、韵律舞等传统体育项目，让体育融入老年人的日常生活中，逐渐引导老年人参与民族传统体育运动。

### （四）加强对养老机构老年人的医务监督

应从运动医学的视角来预防老年人体育锻炼安全事故的发生，可从两个方面加强对老年人的医务监督：第一，养老机构的医务人员可根据老年人的健康状况进行分组，详细记录每组老年人的健康状况、身体各系统的功能状况、运动史和既往运动习惯、运动伤病情况等，从而在锻炼之前为每位老年人做运动诊断和预防。第二，医务监督人员为每组老年人（基本组、准备组、医疗体育组）建立相应的监管体制、评价机制、激励机制[1]，依据医务监督的生理指标，监控脉搏、血乳酸、血压等，从而更好地预防老年人体育锻炼安全事故的发生。同时，应定期进行体检，整理资料，建立体测数据档案。

### （五）提高社会指导员的安全技能和防范意识

目前老龄化程度较严重，部分老年人对体育健身存在错误的认知，认为体育锻炼时间越长、强度越大，效果越好，易造成"跟风"现象。基于此，政府应聘请更多的专业社会体育指导员指导老年人健身，建议政府乃至国家相关部门制定有关老年人体育健身的法律、法规，把社会体育指导员或健身指导员这一项作为评价一个养老机构是否合格的重要标准，否则对养老机构给予一定的惩罚。例如，给予一定时间的整顿查办，或吊销营业执照。此项措施是从法律法规方面进行规范，使养老机构必须有一定数量的体育指导员，从而减少由于缺乏指导而造成的安全问题。

体育指导员应通过合理的指导方法，现场亲身指导养老机构的老年人相应的锻炼技能，让老年人掌握科学合理的锻炼方法，以此来发展速度、耐力、灵敏性、柔韧度等素质，培养老年人锻炼的积极性。同时，养老机构应积极鼓励老年人参与体育活动，积极参加各种团体活动，从而保障其参加身体锻炼的时间。

### （六）加强对管理员的体育安全培训

管理员是养老机构直接参与对老年人健身指导的人员。经验丰富的管理员和娴熟的管理技能是保障老年人体育锻炼活动有序进行的前提和根本，因此对管理工作人员的技能培训必不可少。养老机构可通过定期开展座谈会、管理评比大赛、交流经验等活动来提高管理人员的技能。

---

[1]　顾丽燕. 运动医务监督 [M]. 北京：北京体育大学出版社，2009：58.

## 二、从物的视角

轨迹交叉事故致因理论显示，物的不安全状态是导致事故发生的诱因之一。因此，应保障养老机构的体育物资、场地器材，可通过加大资源投入力度，定期检查、保障产品质量等防止物的不安全状态，以达到确保养老机构体育系统安全的目的。

### （一）资源保障方面

#### 1. 从资金层面

《"健康中国 2030"规划纲要》提出，要突出解决好老年人等弱势群体的健康问题，要强化组织实施，加大政府投入，深化体制机制改革，加快健康人力资源建设，推动健康科技创新，建设健康信息化服务体系，加强健康法治建设，扩大健康国际交流合作。基于此，政府应找准工作的切入点，明确工作要点，将公益性服务和"重在基层、面向全体"的我国老年人基层体育组织的工作方针落到实处，真正实现老年体育的新突破，确保 2020 年实现人人享有基本体育健身服务的目标。因此，在争取政策保障的同时，应适时主动围绕职能部门开展工作，全方位主动争取职能部门的联动，多视角主动争取社会和市场的投入，加大体育教学的资金投入，从而营造一个安全舒适的环境，最大限度地预防和减少体育伤害事故的发生。

#### 2. 从器材层面

增加健身场地器材，不断完善场馆的改造与扩建，为群众提供健身场所，配置适合老年人健身的体育器材场地设施。

### （二）资源维护方面

#### 1. 定期检查场地设施

安全工程学上提到，事故预防检查的方法有直接经验法和系统安全法。直接经验法是参照相关标准、法规、检查表或依靠分析人员的分析判断能力，借助相关经验直接辨识危险，其优点是简单易行，缺点是易受观察人员主观影响，从而造成错误判断；系统安全法弥补了此缺点，因其较详细系统，常借助事故树分析法、事件树分析法、提前编制安全检查表等[①]。因此，养老机构人员可借助两类方法，定期检修设备、器材，发现问题及时维修，从而减少体育安全事故的发生概率。

---

① 王岩. 我国学校体育伤害事故致因模型及其预防 [D]. 北京：北京体育大学，2011：28.

2.保障体育场地设施的质量安全

邵辉等在事故预防系统研究中提到"物的本质化安全"，即机器、设备根据人的安全设计操作，可具有防止因人的操作失误而造成的安全事故的功能[①]。因此，可依照以下方法实现体育产品的"本质化安全"：①养老机构在购买体育产品时，要严把质量关，严禁不合格劣质产品的进入。②场地器材要符合老年人的年龄、运动特征。③器材要有严格的使用说明和易发生问题事项。④难度系数大的健身器材要有较高的安全配套设备。

### 三、从管理的视角

管理是社会系统中联系各级系统的纽带，是一切社会系统功能赖以发展的根本，若离开了管理，社会系统也难以存在。基于管理学视角，现代管理科学提出，"安全管理"是管理者对生产进行的有计划、组织、协调、指挥、控制的一系列活动[②]。系统是由两个以上的要素组成的有机整体，其中各个组成要素相互联系、相互制约组成特定功能的有机集合体。依据系统性原则，养老机构在管理方面应从领导决策、健全立法、组织管理、保险制度四个方面采取措施，以减少老年人体育安全事故的发生。由于养老机构体育安全体系具有可控制的性质，其本质上是各个子系统间的相互依存、相互配合。因此，可将养老机构体育安全管理系统划分为四个子系统的流程图，如图6-4所示：

**图6-4　养老机构体育安全管理系统图**

①　邵辉，邢志祥，王凯全.安全行为管理[M].北京：化学工业出版社，2008：32.

②　方淇敏，胡正祥.安全管理学[M].北京：中国经济出版社，2007：56.

对养老机构的管理因素的调查结果显示，养老机构对老年人的安全锻炼教育缺位，对体育安全培训有待加强。此外，要加强养老机构的体育安全管理制度的建设，增强事故应急系统的可操作性，加强保险和立法制度。

### （一）领导重视，并加强体育安全教育和管理机制

调查发现，养老机构老年人体育锻炼工作不受重视，相关领导担心开展体育锻炼会带来伤害事故，从而对体育锻炼的重视程度较其他工作相对较低。有的领导认为"安全第一，健身第二"，这个观点和体育锻炼增强体质的《全民健身计划纲要》的宗旨相违背。养老机构的体育健身工作管理机制不完善，存在许多漏洞，应该用何种体育锻炼安全教育制度，用什么方式对老年人体育锻炼进行安全教育，并没有明确的制度规定，长此以往，老年人体育锻炼并没有受到重视，安全也并不能得到保障，当体育伤害事故发生时，易造成巨额赔偿，大大降低了养老机构体育锻炼工作的积极性。基于此，笔者建议：①养老机构领导提高对体育安全管理的认识，并重视起来，积极发现问题，设置讨论小组，研究解决方案，将体育安全保障工作落到实处。②积极组织老年人的体育活动，举办丰富多彩的社会体育活动，为老年人提供多姿多彩的活动，并积极引导广大老年人主动参与体育锻炼，让老年人享受身心健康。重基层，抓活动是做好老年人体育工作应坚持的方向。

### （二）健全立法，明确责任，完善老年人保险制度

一是我国法律、法规在处理老年人体育安全问题上仍处于早期阶段。国家颁发的《中华人民共和国教育法》《中华人民共和国老年人权益保障法》不适合处理体育安全的伤害事故。基于此，养老机构可建立领导干部体育安全责任制，明确养老机构法人责任。明确分管老年人锻炼工作、康复保健、后勤保障的各级政府除增加财政支持外，还应制定专门针对老年人体育健身安全的法规，在法制上实现老年人体育发展的保障体系。管理人员和医护人员所肩负的体育安全责任，通过明确的风险管理方法，科学管理老年人体育锻炼任务。

二是逐步建立并完善长期护理保险制度。养老机构老年人的日常生活照料是一个烦琐漫长的过程，需要耗费大量的精力财力。而对于失能失智等特殊老年人的照料更需要巨大的投入，这无疑对家庭对社会都是巨大的经济负担。因此，建立完善、科学的、长期的护理保险制度就显得十分迫切和必要。为了解决人口老龄化带来的社会问题，可借鉴外国经验。例如，美国、法国设立了长期护理商业保险；荷兰、日本等国家颁布了专门法案。

就中国长期社会护理保险而言，要大力开展多元化、多层次架构的养老服

务体系。长期护理保险制度的建立对于老年人健康的促进及家庭经济负担的减轻都起到积极的推动作用。

1.建立体育安全责任制度

（1）养老机构要建立相应部门对老年人锻炼实行责任制。如体育部门对老年人体育锻炼有指导和监管的责任，安保部门对老年人园区锻炼、机构周边和社团的体育安全有管理责任。

（2）养老机构可与保险机构共同加大监护，对老年人伤害事故责任、赔偿范围、赔偿标准等做好监督和管理工作。详细明确养老机构、老年人责任，完善养老机构责任保险和老年人意外保险问题。通过教育机构和保险机构，确保事故发生后减少养老机构和老年人的经济负担。

2.加大养老机构的体育执法力度

加强体育法制建设，政府可设立和组织体育安全调查小组，分赴各个养老机构进行体育安全管理、卫生指导，并进行医疗保健等实施情况的调查。内容包括：①各个养老机构的人均体育活动面积是否合理。②医疗卫生工作人员是否有相关证件。③对养老机构相关营业执照的年审、从业人员的培训是否按期完成。④各个部门的考核制度是否合理等。

3.完善养老机构的体育管理法规

我国体育法规中，关于体育锻炼安全和风险规避方面，仅仅是粗略的原则，没有具体明确的条款规定。基于此，养老机构可以具体细化体育安全与保险法规的内容。养老机构可根据实际情况制定详尽的规章制度，如《老年人体育锻炼常规》《体育场地器材安全制度》《体育场馆使用制度》《老年人体检制度》《紧急情况处理制度》等，做到有章可循，有法可依。依据翔实的体育安全教育内容、严谨的管理规程、健全的规章制度来为养老机构老年人体育锻炼保驾护航。具体条例如：老年人参加保险的实施细则，体育锻炼场地的卫生条例；对养老机构健身器材使用的具体限制，对参加体育活动服装的要求，安检条款，违例行为条款以及违例行为的处罚措施等。

### （三）坚持"一事一管"的原则，细化管理过程

市场管理理论告诉我们，在横向权责划分方面必须坚持"一事一主管"的原则。切忌出现"多头领导"，一事多个主管的交叉现象，避免有了成绩争抢分功，有了问题互相推卸责任的尴尬局面。基于此，养老机构可以健全以分管院长为首的分级负责制，对养老机构老年人体育锻炼安全管理更加细化，使养老机构的体育锻炼工作责任明确、协调配合、分工合理、共管齐抓。养老机构

的体育锻炼安全工作责任制度安排可具体到如下：①由养老机构的分管部门挂帅的养老机构体育锻炼安全策划与管理教育领导小组，全面分管养老机构的各项体育教育安全任务。②由养老机构党委书记为首的体育锻炼安全教育思想工作团队，定期如每周一次做好养老机构的体育安全教育讲堂工作。③由养老机构保卫处长为首组成的养老机构的安全保卫工作，负责养老机构的体育场馆及运动器材等体育常规护理工作，对养老机构的体育锻炼安全工作进行定期抽查检测，督促维修和护理等工作，以保证老年人能够进行安全的体育活动，为老年人的体育锻炼奠定好硬件基础，共同建设老年人的美好家园。

### （四）设立事故应急管理机制

养老机构可根据老年人生理特点，加强对老年人体育活动的管理，做好应急预案。设立切实有效的事故应急管理制度，对控制事故后果扩大化具有重要意义。养老机构的体育安全事故应急管理机制，应设立专项应急资金，一旦发生较大安全事故，可立即启动应急方案来保障老年人的人身安全，将损失降到最低。

# 参考文献

## 一、著作类

[1] 冯火红. 我国地方政府社会体育政策研究 [M]. 北京：北京体育大学出版社，
2008.

[2] 福建省老年学学会. 积极老龄化研究 [M]. 北京：华龄出版社，2007.

[3] 张凯悌，陈功，王海涛，等. 中国老龄事业五年回顾：马德里国际老龄行动
计划五周年回顾 [M]. 北京：中国社会出版社，2009.

[4] 苗大培. "第三部门"与全民健身服务体系：国家与社会共建的理论研究 [M]
. 北京：北京体育大学出版社，2009.

[5] 杨为民. 社会政策导论 [M]. 北京：中国人民大学出版社，2004.

[6] 朱勇. 中国智能养老产业发展报告 [M]. 北京：社会科学文献出版社，2015.

[7] 仇军. 西方体育社会学：理论、观点、方法 [M]. 北京：清华大学出版社，
2010.

[8] 阎海军. 崖边报告：乡土中国的裂变记录 [M]. 北京：北京大学出版社，2015.

[9] 党俊武. 老龄社会的革命：人类的风险和前景 [M]. 北京：人民社会出版社，
2015.

[10] 张志杰. 老年心理学 [M]. 重庆：西南师范大学出版社，2015.

[11] 《中国老年人健康指南读本》编委会. 中国老年人健康指南读本 [M]. 北京：
华龄出版社，2015.

[12] 国家应对人口老龄化战略研究，健康老龄化与老年健康支持体系研究课题组.
健康老龄化与老年健康支持体系研究 [M]. 北京：华龄出版社，2014.

[13] 姜向群，杜鹏. 中国人口老龄化和老龄事业发展报告 [M]. 北京：中国人民

大学出版社，2015.

[14] 朱勇. 智能养老 [M]. 北京：社会科学文献出版社，2014.

[15] 张国庆. 公共政策分析 [M]. 上海：复旦大学出版社，2004.

[16] 国家体育总局政策法规司. 群众体育战略研究 [M]. 北京：北京体育大学出版社，2005.

[17] 邬沧萍，姜向群. 老年学概论 [M]. 北京：中国人民大学出版社，2006.

[18] 国家体育总局编. 改革开放 30 年的中国体育 [M]. 北京：人民体育出版社，2008.

[19] 姜向群. 老年社会保障制度——历史与变革 [M]. 北京：中国人民大学出版社，2005.

[20] 贺寨平. 社会网络与生存状态——农村老年人社会支持网研究 [M]. 北京：中国社会科学出版社，2004.

[21] 郑晓燕. 中国公共服务供给主体多元发展研究 [M]. 上海：上海人民出版社，2012.

[22] 费孝通. 乡土中国 [M]. 北京：人民出版社，2015.

[23] 刘国永，戴健，曹可强，等. 中国群众体育发展报告 (2018)[M]. 北京：社会科学文献出版社，2014.

[24] 贺麟. 文化与人生 [M]. 北京：商务印书馆，2015.

[25] 樊炳有，高军. 体育公共服务——内涵、目标及运行机制 [M]. 北京：人民体育出版社，2010.

[26] 周林刚. 社会支持与激发潜能 [M]. 北京：社会科学文献出版社，2009.

[27] 陈振明. 公共服务导论 [M]. 北京：北京大学出版社，2011.

[28] 张恺悌，郭平. 中国人口老龄化与老年人状况蓝皮书 [M]. 北京：中国社会出版社，2010.

[29] 吴玉韶. 中国老龄事业发展报告 [M]. 北京：社会科学文献出版社，2013.

[30] 邬沧萍，杜鹏. 老龄社会与和谐社会 [M]. 北京：中国人口出版社，2012.

[31] 袁方. 社会研究方法教程 [M]. 北京：北京大学出版社，1997.

[32] 林闽钢. 中国社会政策 [M]. 武汉：武汉大学出版社，2011.

[33] 李军鹏. 公共服务学 [M]. 北京：国家行政学院出版社，2007.

[34] 李光亚，张鹏翥，孙景乐. 智慧城市大数据 [M]. 上海：上海科学技术出版社，2015.

[35] 戴健. 中国公共体育服务发展报告 (2013)[M]. 北京：社会科学文献出版社，2013.

[36] 王浦劬，郝秋笛，等．政府向社会力量购买公共服务发展研究：基于中英经验的分析 [M]．北京：北京大学出版社，2016.

## 二、期刊类

[1] 郭未．健康老龄化：历史维度下的日本启示 [J]．兰州学刊，2016(5).

[2] 刘瑾彦，陈佩杰，牛战斌，等．不同运动项目对老年人认知能力的影响 [J]．上海体育学院学报，2016(3).

[3] 刘姝，李俊温．制约山西老年人体质水平关键问题的研究 [J]．体育文化导刊，2016(5).

[4] 张春华，李安民．老年人肌肉爆发力流失与身体功能及运动干预 [J]．武汉体育学院学报，2016(6).

[5] 彭国强，舒盛芳．美国国家健康战略的特征及其对健康中国的启示 [J]．体育科学，2016(9).

[6] 费加明，刘志民，张焕志．江苏省老年体育工作调研报告 [J]．中国老年学杂志，2016(18).

[7] 王家宏，蔡朋龙，陶玉流，等．我国城市体育服务综合体的发展模式与推进策略 [J]．武汉体育学院学报，2017(7).

[8] 郑仲凡．广场舞在构建健康中国 2030 体系中的功效探究 [J]．南京体育学院学报 ( 社会科学版 )，2017(1).

[9] 张玲莉,柯丹丹,吴伟等.太极拳对人体健康体适能的影响 [J].中国老年学杂志，2017(9).

[10] 湛冰．从《白宫老龄会议报告》管窥美国老年体育政策的演进特点 [J]．体育与科学，2017(3).

[11] 湛冰．美国社区老年体育推进方式及特点研究 [J]．体育文化导刊，2017(9).

[12] 韩松，王莉．我国体育产业与养老产业融合态势测度与评价 [J]．体育科学，2017(11).

[13] 张高华，张彦龙．城市老年人公共体育服务多中心供给研究 [J]．体育文化导刊，2018(1).

[14] 谭玉霞，崔冬雪，高峰，等．河北省部分城市老年人体育锻炼与生活幸福指数的相关性 [J]．中国老年学杂志，2018(3).

[15] 陈思远，刘会平．日本老年人体育政策推进策略及启示 [J]．体育文化导刊，2018(2).

[16] 范成文，刘晴．改革开放以来我国老年人体育政策研究 [J]．体育学刊，

2018(2).

[17] 王毅，王晨. 我国城市老年人群健康活动行为影响因素研究 [J]. 中国卫生事业管理，2018(5).

[18] 陈丽妹. 基于"健康中国 2030"视角下的福建省城市社区老年人体育活动现状 [J]. 广州体育学院学报，2018(3).

[19] 张莹. 中国老龄人口社会体育服务体系构建探索 [J]. 广州体育学院学报，2018(4).